Contraste insuffisant

NF Z 43-120-14

Y. 20%.
~~2 2 2~~
3 -

Y b   1108

L'ODYSSÉE D'HOMERE,

TRADUITE EN FRANÇOIS,

AVEC

DES REMARQUES.

Par MADAME DACIER.

TOME TROISIE'ME.

A PARIS,

Aux Dépens de RIGAUD, Directeur
de l'Imprimerie Royale.

M. DCCXVI.

AVEC PRIVILEGE DU ROY.

Argument du Livre XVI.

TElemaque arrive chez Eumée, & envoye ce fidelle serviteur à la ville pour annoncer son retour à Penelope. Il reconnoist son pere par le secours de Minerve. Les Princes, qui estoient allé se mettre en embuscade pour attendre Telemaque à son retour, ayant appris qu'il estoit arrivé, quittent leur poste & retournent à Ithaque.

L'ODYSSE'E

L'ODYSSÉE
D'HOMERE.

A La pointe du jour Ulyſſe & Eumée ayant allumé du feu, préparerent le desjeuner, & envoyerent enſuite les bergers avec leurs troupeaux aux paſturages. Comme Telemaque approchoit de la maiſon, les chiens d'Eumée aulieu d'aboyer ſe mirent à le careſſer & à temoigner leur joye. Ulyſſe, qui les vit le premier, & qui entendoit en meſme temps le bruit de quelqu'un qui marchoit dit à Eumée, Voicy «

» quelqu'un de vos bergers qui vient,
» ou un autre homme de connoif-
» fance, car vos chiens n'aboyent
» point, & par leurs mouvements ils
» marquent de la joye, & j'entends
» marcher.

A peine avoit-il achevé ces mots,
que fon cher fils parut à la porte
du veftibule. Eumée l'appercevant,
fe leva avec précipitation & dans
une furprife extrefme. Les vaif-
feaux, qu'il tenoit pour mefler le
vin & l'eau, luy tombent des mains,
il court au devant de fon maiftre,
& fautant à fon cou, il luy baife la
tefte, les yeux & les mains, & pleure
de joye. Comme un pere, qui aprés
dix années d'abfence voit arriver
d'une contrée éloignée fon fils unique, qu'il aime tendrement,& pour
lequel il a eu de mortelles inquietudes, ne peut fe laffer de luy faire
des careffes & de l'embraffer; de
mefme ce fidelle pafteur ne fe laf-
foit point d'embraffer Telemaque,

qu'il regardoit comme eschappé
des bras de la mort. Mon cher Te- «
lemaque, luy dit-il, agréable lu- «
miere à mes yeux, vous estes reve- «
nu ! Je n'esperois pas de vous re- «
voir de ma vie depuis que vous «
fustes parti pour Pylos. Mais en- «
trez, mon cher fils, que je me raf- «
fasie de plaisir en vous voyant de «
retour d'un voyage où vous estiez «
exposé à tant de dangers. Vous ne «
venez pas souvent à la campagne «
voir vos bergers & vos troupeaux, «
mais vous vous tenez à la ville, & «
vous trouvez plus à propos d'ob- «
server la troupe insolente des Pour- «
suivants. «

Mon cher Eumée, reprit Tele- «
maque, il est important que j'ob- «
serve de prés les menées de ces «
Princes. Mais avant que d'aller à «
la ville, j'ay voulu passer icy pour «
avoir le plaisir de vous voir, & pour «
sçavoir de vous si ma mere est en- «
core dans le Palais, si quelqu'un «

» des Princes ne l'a point espousée,
» & si la couche d'Ulysse est destinée
» à une éternelle viduité!
» Vostre mere, repartit le pasteur,
» demeure toujours dans vostre Pa-
» lais avec un courage heroïque; el-
» le passe les jours & les nuits fort
» tristement, à soupirer & à répan-
» dre des larmes.

En parlant ainsi il prit la pique du jeune Prince, qui entre en mesme temps. Ulysse voulut luy ceder sa place, mais Telemaque le retint,
» & luy dit: Asseyez-vous, estran-
» ger, je trouveray ailleurs un autre
» siege, je suis dans ma maison, &
» voilà un homme qui ne m'en lais-
» sera pas manquer.

Ulysse se remet à sa place, & aussi-tost Eumée estend à terre des brossailles & les couvre de peaux. Le fils d'Ulysse s'assied. Eumée leur sert des plats de viandes rosties qui estoient restées du jour précedent, leur presente du pain dans des corbeilles, mefle le vin & l'eau dans une urne, & s'affied vis-à-vis d'Ulyffe.

Le repas eftant fini, Telemaque prenant la parole, & s'adreffant à Eumée, luy dit, Mon cher Eu- « mée, dites-moy, je vous prie, qui « eft cet eftranger? Comment eft-il « venu, & qui font les matelots qui « l'ont amené? «

Mon fils, luy dit Eumée, je vous « diray la verité telle que je l'ay ap- « prife: Cet eftranger dit qu'il eft de « l'ifle de Crete, qu'il a efté errant « dans plufieurs contrées & qu'il a « vû plufieurs villes, pour fubir la « deftinée à laquelle il a plû à Dieu « de l'affujetir. Il y a deux jours que « s'eftant fauvé de deffus un vaiffeau, « qui appartenoit aux Thefprotiens, « il arriva dans ma bergerie. Je vous « le remets entre les mains, vous en « uferez comme il vous plaira, il « n'eft plus mon fuppliant, mais le « voftre. «

» Ce que vous me dites-là me fait
» beaucoup de peine, repartit Tele-
» maque, car comment puis-je rece-
» voir cet hofte dans mon Palais ; je
» fuis jeune, & je n'ay encore ni af-
» fez d'autorité ni affez de force pour
» le mettre à couvert des infultes aux
» quelles il va eftre expofé, & pour le
» deffendre. Et la Reyne ma mere eft
» combattuë, & ne fçait fi refpectant
» la couche d'Ulyffe & fa propre ré-
» putation, elle demeurera chez moy
» à avoir foin de mes Eftats comme
» une bonne mere, ou fi, prenant le
» parti de fe remarier, elle choifira
» pour mary celuy qui luy fera les
» plus grands avantages. Mais puif-
» que cet eftranger eft venu chez
» vous, je m'en vais luy donner de
» beaux habits, des brodequins &
» une efpée, & le faire conduire par
» tout où il aura deffein d'aller. Ou
» pluftoft gardez-le icy vous-mefme,
» & je luy envoyeray de chez moy
» des habits & fa nourriture , afin

qu'il ne soit à charge ni à vous ni «
à vos bergers, car en un mot je ne «
souffriray point qu'il vienne au mi- «
lieu de ces Pourfuivants ; ils sont «
d'une trop grande insolence, ils ne «
manqueroient pas de l'affliger par «
leurs brocards & de l'insulter mes- «
me , ce qui me mettroit au desef- «
poir. Car l'homme le plus vaillant «
& le plus courageux ne pourroit se «
deffendre contre tant d'ennemis. Il «
faut ceder à la force. «

Ulysse prenant alors la parole,
& s'adressant à Telemaque, dit :
Oh, mon cher Prince, puisque j'ay «
la liberté de répondre , je vous «
avoüe que je souffre & que je suis «
tres affligé de vous entendre dire à «
vous-mesme les desordres & les in- «
solences que commettent ces Pour- «
suivants dans voftre maison malgré «
vous à l'âge où vous eftes. Dites- «
moy donc, je vous prie, est-ce vo- «
lontairement que vous subissez le «
joug ! ou est-ce que vos peuples «

A iiij

» ont de l'averſion pour vous, &
» que prétextant quelque oracle des
» Dieux, ils veulent changer de maiſ-
» tre ! ou avez-vous à vous plaindre
» de vos freres qui ne font pas leur
» devoir à voſtre égard, car ordinai-
» rement l'amitié des freres eſt une
» grande reſſource & un grand ap-
» puy dans les occaſions le plus dif-
» ficiles ! Pluſt aux Dieux qu'avec
» le courage que j'ay, j'euſſe auſſi
» voſtre âge ! Pluſt aux Dieux que
» je fuſſe le fils d'Ulyſſe, ou Ulyſſe
» luy-meſme revenu de ſes voyages!
» J'eſpere qu'il reviendra, il y a en-
» core lieu de l'eſperer ; je veux que
» l'eſtranger m'enleve la teſte de deſ-
» ſus les eſpaules, ſi arrivant ſeul dans
» le Palais d'Ulyſſe je ne faiſois pe-
» rir tous ces inſolents. Que ſi j'eſ-
» tois enfin obligé de ceder au nom-
» bre, j'aimerois mille fois mieux
» mourir dans mon Palais les armes
» à la main, que de ſouffrir tous les
» jours des choſes ſi honteuſes, & de

voir mes hostes traitez indigne- «
ment, les femmes de ma maison in- «
sultées & traisnées avec violence «
par des esclaves, & mes biens con- «
sumez ou pillez , & cela sans fin & «
sans remede. «

Le sage Telemaque luy répond,
Estranger, je vous diray la verité. «
Mes peuples n'ont point d'aver- «
sion pour moy; je sçay que les fre- «
res sont d'un puissant secours dans «
les occasions les plus difficiles, mais «
je n'en ay point, le fils de Saturne «
n'a donné à nostre maison qu'un «
seul rejetton d'âge en âge. Arcesius «
mon bisayeul n'eut de fils que Laër- «
te; Laërte n'eut qu'Ulysse, & Ulysse «
n'a eu que moy, qui n'ay pû luy es- «
tre d'aucun secours. Aujourd'huy «
son Palais est rempli d'ennemis, car «
les plus grands Princes des isles voi- «
sines, de Dulichium, de Samos, de «
Zacynthe, & les principaux d'Itha- «
que recherchent ma mere & rui- «
nent nostre maison. Ma mere ne «

» peut confentir à un mariage qu'elle
» abhorre, mais elle ne les refufe pas
» non plus ; elle les amufe, & cepen-
» dant ils confument tout mon bien,
» & ils trouveront enfin le moyen de
» me perdre moy-mefme. Mais tout
» cela eft entre les mains des Dieux.
» Mon cher Eumée, allez prompte-
» ment apprendre à la fage Penelope
» que je fuis de retour de Pylos en
» parfaite fanté. Vous reviendrez dés
» que vous luy aurez parlé, mais ne
» parlez qu'à elle feule, & qu'aucun
» des Princes ne le fçache, car ils ne
» cherchent qu'à me tendre des pié-
» ges pour me faire perir.

» J'entends, & je fçay ce qu'il faut
» faire, répond Eumée, je ne con-
» nois que trop toutes vos raifons.
» Mais dites-moy, je vous prie, ne
» puis-je pas chemin faifant, aller an-
» noncer cette bonne nouvelle au
» malheureux Laërte ! Aprés le dé-
» part d'Ulyffe, ce pere affligé fe re-
» tira à la campagne ; là il veilloit fur

le travail de ses laboureurs & man- «
geoit avec ses domestiques. Mais «
depuis que vous estes parti pour «
Pylos, il ne mange ni ne boit, & «
neglige entierement ses affaires ; sa «
seule nourriture, ce sont les larmes «
& les soupirs, ce n'est plus qu'un «
spectre , & il n'a plus que la peau «
colée sur les os. «

Cela est tres fascheux, dit Tele- «
maque, mais laissons-le encore dans «
sa douleur , quelque affligé qu'il «
soit , nous ne pouvons pas faire «
tout ce que nous voudrions. Si ce- «
la estoit , nous verrions bien-tost «
le retour de mon pere. Dés que «
vous aurez parlé à ma mere, reve- «
nez promptement & ne vous dé- «
tournez point pour aller trouver «
Laërte ; contentez-vous de dire à «
la Reyne de luy envoyer secrete- «
ment & sans délay, la maistresse de «
l'office, qui ne manquera pas d'aller «
bien viste luy apprendre cette bon- «
ne nouvelle. «

Eumée preſſé de partir, s'équipe & ſe met en chemin. Il n'eut pas pluſtoſt paſſé le ſeüil de la porte, que Minerve s'eſtant apperceüe de ſon départ, approcha de la maiſon. Elle avoit pris la figure d'une femme d'une merveilleuſe beauté & d'une taille majeſtueuſe. Elle s'arreſta devant la porte, ne ſe laiſſant voir qu'à Ulyſſe ſeul ; Telemaque ne la vit point & ne s'apperceut pas meſme de ſa preſence, car les Dieux ne ſe manifeſtent qu'à ceux dont ils veulent eſtre vûs ; Ulyſſe ſeul la vit, ſes chiens l'apperceurent auſſi, ils n'aboyerent pourtant pas, mais luy rendant hommage par leurs careſſes, ils ſe retirerent au fond de la chambre. La Déeſſe fit un ſigne de ſes ſourcils ; Ulyſſe entendit ce ſigne, ſortit dans la cour & s'arreſta prés d'elle. Alors Minerve luy adreſſa ces paroles : Fils de Laërte, Ulyſſe, qui eſtes ſi fecond en reſſources dans les extremitez les plus

difficiles, il n'eft plus temps de vous «
cacher à voftre fils ; découvrez- «
vous à luy, afin qu'aprés avoir pris «
enfemble les mefures pour faire pe- «
rir tous ces fiers Pourfuivants, vous «
alliez à la ville ; je ne feray pas long- «
temps éloignée de vous, & je com- «
battray à vos coftez. «

En finiffant ces mots elle le toucha de fa verge d'or ; dans le moment il fe trouva couvert de fes
beaux habits , il recouvra fa belle
taille, fa bonne mine & fa premiere
beauté ; fon teint devint animé, fes
yeux brillants & pleins de feu, fes
joües arrondies, & fa tefte fut couverte de fes beaux cheveux. Aprés
cette métamorphofe la Déeffe dif-
parut.

Ulyffe rentre dans la chambre ;
fon fils le voit avec eftonnement ,
& faifi de crainte & de refpect, il
détourne la vûë de peur que ce ne
foit un Dieu , & luy adreffant la
parole avec humilité, il luy parle

» en ces termes : Eſtranger , vous
» m'apparoiſſez dans un eſtat bien
» different de celuy où vous eſtiez
» tout à l'heure ; vos habits ſont
» changez, voſtre taille n'eſt plus la
» meſme ; je n'en doute point, vous
» eſtes quelqu'un des Dieux qui ha-
» bitent l'Olympe. Mais ſoyez-nous
» propice, afin que nous vous faſſions
» des ſacrifices , & que nous vous
» preſentions des offrandes qui vous
» ſoient agréables; eſpargnez-nous.
»   Je ne ſuis point un Dieu, repar-
» tit Ulyſſe, pourquoy me regardez-
» vous comme un des Immortels; je
» ſuis Ulyſſe, je ſuis voſtre pere, dont
» la longue abſence vous a couſté
» tant de larmes & de ſoupirs, &
» vous a expoſé aux injures & aux
» inſolences de ces Princes.

En achevant ces mots il embraſ-
ſe ſon fils & le baiſe tendrement ;
les larmes coulent le long de ſes
joües , car juſques-là il avoit eu la
force de les retenir. Mais Telema-

que ne peut encore fé perfuader
que ce foit fon pere: Non, vous «
n'eftes point mon pere, vous n'eftes «
point Ulyffe, luy dit-il ; c'eft quel- «
que Dieu qui veut m'abufer par «
un faux efpoir, pour me précipiter «
dans une douleur plus amere. Il n'y «
a point d'homme mortel qui puiffe «
par luy-mefme operer tous ces mi- «
racles, à moins qu'un Dieu venant «
à fon fecours , ne veüille fe fervir «
de fon pouvoir, & le rendre & «
vieux & jeune comme il luy plaift. «
Tout à l'heure vous eftiez un vieil- «
lard & vous n'aviez que des hail- «
lons, & prefentement vous reffem- «
blez parfaitement aux Dieux qui «
habitent l'Olympe. «

Mon cher Telemaque , luy dit «
Ulyffe, que voftre furprife & vof- «
tre admiration ceffent, & reprenez «
pour voftre pere les fentiments que «
vous devez avoir. Il ne reviendra «
point icy d'autre Ulyffe ; il n'y en «
a point d'autre que moy qui ay ef- «

» fuyé tant de peines & tant de tra-
» vaux, & qui fuis enfin revenu dans
» ma patrie la vingtiéme année aprés
» mon départ. Le miracle, que vous
» voyez, c'eft l'ouvrage de Minerve
» qui préfide aux affemblées des peu-
» ples. Elle m'a rendu tel qu'elle a
» voulu, car fon pouvoir n'a point
» de bornes. Tantoft elle m'a rendu
» femblable à un mendiant, & tantoft
» elle m'a donné la figure d'un jeune
» homme de bonne mine & veftu
» magnifiquement. Il eft aifé aux Im-
» mortels, qui habitent le haut O-
» lympe, d'environner un homme de
» majefté & de gloire, & de le revef-
» tir de mifere & de pauvreté.

Aprés avoir parlé, Ulyffe s'affied. Telemaque fe jette au cou de
fon pere, & le tenant eftroitement
embraffé, il fond en larmes. Ulyffe
pleure de mefme ; ils ne peuvent
tous deux fe raffafier de pleurs. Ils
ne s'expriment que par leurs fan-
glots & par leur larmes, & ils pouf-

sent des cris, comme des aigles ou des esperviers à qui des laboureurs ont enlevé leurs petits avant qu'ils puissent se servir de leurs aisles.

Ainsi Ulysse & Telemaque fondoient en pleurs. Cet estat avoit pour eux tant de charmes, que le soleil les y auroit encore trouvez à son coucher, si Telemaque faisant effort sur luy-mesme, n'eust demandé à Ulysse sur quel vaisseau il estoit arrivé à Ithaque, & quels matelots l'avoient conduit, Car, luy « dit-il, mon pere, vous ne pouvez y « estre venu que par mer. «

Je vous diray la verité en peu de « mots, répondit Ulysse. Des Phea- « ciens, gens celebres dans la marine, « & qui ont accoutumé de conduire « sur la vaste mer les estrangers qui « arrivent chez eux, m'ont amené, & « pendant que je dormois ils m'ont « descendu à terre sur ce prochain ri- « vage, & ils ont fidellement mis prés « de moy les presents que j'avois re- «

» ceus de leurs Princes, tout l'airain,
» tout l'or & tous les habits. Je les
» ay retirez par le conseil des Dieux
» dans un antre voysin, & c'est par
» l'inspiration de Minerve que je suis
» venu icy, afin que nous consultions
» ensemble sur les moyens de faire
» perir les Poursuivants. Mais nom-
» mez-les moy tous, afin que je sça-
» che combien ils sont & quels hom-
» mes ce sont. Quand vous m'aurez
» instruit, je verray si nous pourrons
» les attaquer nous deux seuls, ou si
» nous chercherons du secours.

Telemaque estonné de cette pro-
» position, repartit : Mon pere, ce
» n'est pas sans raison que l'univers
» est rempli de vostre gloire, & que
» j'ay toujours oüi dire que vous es-
» tiez aussi invincible dans les com-
» bats que superieur dans les conseils
» par vostre sagesse. Mais vous venez
» de dire un grand mot, j'en suis dans
» l'admiration & dans la surprise ; je
» ne croy pas possible que deux hom-

mes feuls combattent contre un fi «
grand nombre de vaillants hommes. «
Car ils ne font ni dix ni vingt, mais «
un beaucoup plus grand nombre, «
& vous n'avez qu'à compter. De «
Dulichium cinquante-deux , tous «
gens de diftinction; ils ont avec eux «
fix officiers de cuifine. De Samos, «
vingt-quatre. Vingt de Zacynthe, «
& douze d'Ithaque , tous les plus «
braves & les mieux faits. Ils ont «
avec eux le heraut Medon, un chan- «
tre divin & deux cuifiniers. Si nous «
les attaquons quand ils feront tous «
enfemble dans le Palais, je crains «
que vous ne fuccombiez en vou- «
lant punir leur infolence. Mais «
voyez fi vous ne connoiftriez point «
quelqu'un qui puft venir à noftre «
fecoûrs & nous foutenir dans une «
entreprife fi perilleufe. «

Je connois affeurement quel- «
qu'un qui pourra nous fecourir, «
reprit Ulyffe, & vous en convien- «
drez. Croyez-vous que la Déeffe «

» Minerve & son pere Jupiter soient
» un assez bon secours, ou si nous en
» chercherons quelque autre ?

»　　Voilà deux merveilleux deffen-
» seurs, repartit Telemaque ; quoy-
» qu'assis au dessus des nuées, ils font
» sentir de-là leur pouvoir à tous les
» hommes & à tous les Dieux.

»　　Je vous assure, Telemaque, dit
» Ulysse, que ces deux puissants def-
» fenseurs ne se tiendront pas long-
» temps éloignez du combat, dés que
» Mars aura donné dans mon Palais
» le signal de cette furieuse attaque.
» Demain dés la pointe du jour vous
» irez à la ville, & vous vous tien-
» drez avec les Pourfuivants à vostre
» ordinaire ; je vous-y suivray bien-
» tost, car Eumée m'y conduira , &
» j'y paroistray sous la figure d'un
» vieux mendiant accablé d'années &
» couvert de haillons. Que si vous
» voyez que ces insolents me mépri-
» sent & me maltraitent, supportez-
» le avec patience , quelque chose

que j'en puiffe fouffrir, quand mef- «
me ils me traifneroient par les pieds «
hors de la porte, ou qu'ils me chaf- «
feroient à grands coups ; voyez-le «
fans vous emporter, & contentez- «
vous de leur remontrer avec dou- «
ceur, & de les prier de ceffer leurs «
violences. Il eft feur qu'ils ne ce- «
deront ni à vos confeils ni à vos «
prieres, car ils touchent à leur der- «
nier moment. J'ay un autre avis à «
vous donner, & ne l'oubliez pas : «
c'eft que dés que Minerve, de qui «
viennent tous les bons confeils, «
m'aura envoyé fes infpirations, je «
vous feray un figne de tefte ; fi-toft «
que vous apperceverez ce figne, «
vous prendrez toutes les armes qui «
font dans l'appartement bas, vous «
les porterez au haut du Palais ; & fi «
ces Princes, qui fe verront par-là «
privez de ces armes, vous deman- «
dent pourquoy vous les tranfpor- «
tez, vous leur direz avec douceur «
que vous les oftez de la fumée, par- «

» ce qu'elles ne reſſemblent plus à
» ces armes ſi brillantes qu'Ulyſſe a-
» voit laiſſées en partant pour Troye,
» & qu'elles ſont toutes gaſtées de la
» vapeur du feu. Vous adjouterez à
» cela une raiſon plus forte encore ;
» Jupiter, leur direz-vous, m'a inſ-
» piré cette penſée pour voſtre con-
» ſervation ; je crains que dans le vin
» il ne s'excite entre vous des que-
» relles, que vous n'en veniez aux
» mains, que vous ne deshonnoriez
» & ne ſoüilliez voſtre table par le
» ſang, car le fer attire l'homme, &
» que vous ne ruïniez par-là vos deſ-
» feins. Voilà ce que vous leur direz.
» Vous ne laiſſerez que deux eſpées,
» deux javelots & deux boucliers,
» dont nous nous ſaiſirons quand
» nous voudrons les immoler à noſ-
» tre vengeance. Minerve & Jupiter
» les diſpoſeront à gouſter vos rai-
» ſons. J'ay encore une autre choſe
» à vous dire, & je vous prie de vous
» en bien ſouvenir, ſi vous eſtes ve-

ritablement mon fils, si vous estes «
de mon sang, gardez-vous bien de «
dire à qui que ce soit qu'Ulysse est «
dans le Palais, que personne ne le «
sçache, ni Laërte, ni Eumée, ni «
aucun de nos domestiques, ni Pe- «
nelope mesme; ne soyons que nous «
deux à observer les démarches des «
femmes du Palais, & à esprouver «
les sentiments de tous vos domes- «
tiques, pour connoistre ceux qui «
conservent dans leur cœur l'amour «
& le respect qu'ils nous doivent, & «
ceux qui nous sont infidelles, & «
qui, à l'age où vous estes, osent «
vous manquer de respect. «

Alors le sage Telemaque pre-
nant la parole, dit : Mon pere, j'es- «
pere vous faire connoistre que je «
ne deshonnore point vostre sang, «
& que je ne suis ni imprudent ni «
foible. Mais je prendray la liberté «
de vous representer que les moyens «
que vous proposez pourront bien «
nous estre funestes, & je vous prie «

» d'y penfer. Vous perdrez un temps
» infini à penetrer les fentiments de
» chacun & à examiner leur condui-
» te. Cependant vos ennemis tran-
» quilles confument voftre bien avec
» infolence & fans aucun menage-
» ment. Contentez-vous donc d'exa-
» miner les démarches des femmes du
» Palais, pour diftinguer celles qui
» vous font infidelles d'avec celles à
» qui on ne peut rien reprocher, &
» ne nous amufons point à fonder
» les penfées de tous nos domeftiques.
» Nous les connoiftrons affez quand
» nous aurons executé noftre entre-
» prife, s'il eft vray que vous ayez
» vû un prodige qui vous ait efté en-
» voyé par Jupiter.

Pendant cette converfation d'U-
lyffe & de Telemaque, le vaiffeau,
qui avoit porté ce jeune Prince à
Pylos, arriva à Ithaque avec fes
compagnons. Dés qu'ils furent entrez dans le port, ils tirerent le vaiffeau fur le rivage, le defarmerent,
&

& porterent chez Clytius tous les
prefens que Telemaque avoit receus. En mefme temps ils envoyerent un heraut au Palais annoncer
à la chafte Penelope que fon fils
eftoit arrivé, qu'il eftoit refté chez
Eumée & qu'il avoit renvoyé fon
vaiffeau. Ils prirent cette précaution, de peur que la Reyne voyant
revenir ce vaiffeau fans fon fils,
n'en fuft allarmée & ne s'abandon-
naft à la douleur.

Le heraut & Euméc fe rencon-
trerent en chemin comme ils alloient porter la mefme nouvelle.
Quand ils furent arrivez dans le
Palais & entrez dans l'appartement
de Penelope, le heraut luy dit devant toutes fes femmes, Grande «
Reyne, le Prince voftre fils eft ar- «
rivé. Mais Eumée s'approchant de «
fon oreille, luy dit tout ce dont
Telemaque l'avoit chargé. Et dés
qu'il eut executé fes ordres, il for-
tit, & s'en retourna à fes troupeaux.

Cette nouvelle, qui fut bien-
toft répanduë, confterna les Pourfuivants & les remplit de triftefle.
Ils fortent tous du Palais, & s'eftant affemblez hors de la cour, ils
tiennent-là leur confeil devant la
porte.

Eurymaque, fils de Polybe, prit
» la parole, & dit : Certainement
» voilà une hardie entreprife que ce
» voyage de Telemaque; nous croy-
» ïons qu'il n'en reviendroit jamais.
» Depefchons donc promptement
» un vaiffeau à nos compagnons qui
» font en embufcade, pour leur an-
» noncer qu'ils n'ont qu'à revenir.

A peine il achevoit ces mots,
qu'Amphinomus s'eftant tourné,
vit un vaiffeau qui eftoit desja dans
le port & dont on plioit les voiles.
Ravi de joye, il dit à fes amis en
» foufriant : Il n'eft pas neceffaire de
» depefcher un vaiffeau, voilà nos
» compagnons dans le port. Quel-
» que Dieu les a fans doute avertis,

ou bien ils ont vû eux-mefmes paf- «
fer le vaiffeau de Telemaque, & ils «
n'ont pû le joindre. «

Il dit. Les Princes fe levent en
mefme temps & courent au rivage.
On met le vaiffeau à fec, on le def-
arme, & ils s'en retournent tous
pour tenir une affemblée, dont ils
eurent foin d'exclure tous ceux qui
leur eftoient fufpeéls.

Quand l'affemblée fut formée,
Antinoüs, fils d'Eupeïthes, leur
parla ainfi : Mes amis, je puis vous «
affeurer que ce font les Dieux eux- «
mefmes qui ont garanti cet hom- «
me des maux qui le menaçoient, «
car tous les jours nous avions «
grand foin de placer des fentinelles «
fur tous les caps & fur toutes les «
pointes de rochers ; & dés que le «
foleil eftoit couché, nous ne nous «
amufions pas à paffer la nuit fur le «
rivage, nous croifions dans le def- «
troit jufqu'au jour, attendant tou- «
jours Telemaque fur ce paffage «

» pour le faire perir. Pendant que
» nous eſtions ainſi aux aguets pour
» le prendre, quelque Dieu l'a ſauvé
» & l'a conduit heureuſement dans
» ſon Palais. Tendons-luy donc icy
» tous enſemble d'autres embuſches,
» & prenons ſi bien nos meſures qu'il
» ne puiſſe eſchapper. Car pendant
» qu'il ſera en vie, je ne croy pas
» que nous réüſſiſſions jamais dans
» nos deſſeins ; il eſt prudent & ſage,
» & ſes peuples ne ſont pas entiere-
» ment pour nous. C'eſt pourquoy
» haſtons-nous avant qu'il ait ap-
» pellé tous les Grecs à une aſſem-
» blée ; car ne penſez pas qu'il ſe re-
» laſche & qu'il s'adouciſſe, vous le
» verrez plus ardent & plus irrité
» que jamais ; il ne manquera pas de
» déclarer en pleine aſſemblée que
» nous avons eſté l'attendre pour l'aſ-
» ſaſſiner, & que noſtre embuſcade
» n'a pas réüſſi, & ſes peuples n'ap-
» prouveront jamais une action ſi
» noire. Craignons qu'ils ne pren-

hent fa deffenfe & qu'il ne nous «
chaffent de noftre patrie, & que «
nous ne foyons obligez d'aller cher- «
cher quelqu'afyle chez les eftran- «
gers. Prevenons-le, & allons le «
tuer à fa campagne, ou fur le che- «
min quand il reviendra. Partageons «
entre nous fa dépoüille, & laiffons «
feulement fon Palais à fa mere & à «
celuy qu'elle choifira pour mary. «
Que fi vous n'eftes pas de cet avis, «
& que vous vouliez que Telema- «
que vive & qu'il foit heritier de «
fon pere, ceffons donc de nous te- «
nir tous dans fa maifon à manger «
fon bien, & nous retirant chez «
nous, faifons de-là nos pourfuites; «
tafchons de gagner la Reyne par «
nos prefens, & qu'elle efpoufe «
celuy qui luy fera les plus grands «
avantages, & qui luy eft deftiné. «

Il dit, & tous les Princes efton-
nez gardoient un profond filence.
Enfin Amphinomus, fils de Nifus
& petit-fils du Roy Aretius, qui

eſtoit à la teſte des Pourſuivants de Dulichium & le moins deſagreable aux yeux de Penelope, parce qu'il eſtoit ſage & moderé, rompit le premier le ſilence, & dit :

» Mes amis, je ne ferois nullement
» d'avis de tuer Telemaque ; c'eſt une
» choſe terrible que de porter ſes
» mains parricides ſur un Roy. Sça-
» chons auparavant la volonté de Ju-
» piter. Si les oracles ſacrez approu-
» vent ce meurtre, je ſeray le premier
» à l'executer, & je vous donneray
» l'exemple ; mais s'ils le condam-
» nent, je vous conſeille d'y renoncer.

Ainſi parla Amphinomus, & ſon avis fut gouté de toute l'aſſemblée. Tous les Princes ſe leverent, rentrerent dans le Palais d'Ulyſſe, & s'aſſirent ſur de beaux ſieges dans la ſalle des feſtins.

Cependant la ſage Penelope prit la réſolution d'aller trouver ces fiers Pourſuivants. Elle avoit eſté avertie des complots qu'on avoit

formez contre la vie de son fils, car
le heraut Medon, qui avoit tout
entendu, luy en avoit fait le rapport. Elle sort de son appartement
suivie de ses femmes. En arrivant
à la salle où estoient les Poursuivants, elle s'arreste sur le seüil de la
porte, le visage couvert d'un voile,
& adressant la parole à Antinoüs,
elle luy dit : Insolent & perfide An- «
tinoüs, on vouloit te faire passer «
dans Ithaque pour un homme qui «
surpassois tous ceux de ton âge en «
prudence & en sagesse ; qu'on a «
mal jugé de toy ! Monstre, pour- «
quoy machines-tu la mort de Tele- «
maque sans aucun respect pour une «
maison dont vous estes les sup- «
pliants, Jupiter a esté le témoin de «
cette alliance ; cette sainte alliance «
deffend à ceux qu'elle a unis toutes «
voyes de se nuire. Tu as donc ou- «
blié que ton pere vint chercher icy «
un asyle contre le ressentiment de «
tout un peuple qui demandoit sa «

» iefte, irrité contre luy de ce qu'en
» donnant la chaffe à des corfaires Ta-
» phiens, il avoit ravagé les terres de
» Thefprotie, qui eftoit noftre amie
» & noftre alliée. Ce peuple deman-
» doit avec de fortes inftances qu'on
» le luy livraft, car il vouloit le dé-
» chirer & le mettre en pieces, ou luy
» faire payer fes ravages & le ruïner.
» Mais Ulyffe le refufa toujours, &
» appaifa enfin leur colere. Pour luy
» payer un fi grand fervice, tu def-
» honnores & tu ruines fa maifon ; tu
» pourfuis fa femme, tu affaffines fon
» fils & tu m'accables de chagrin &
» de trifteffe. Je t'ordonne de mettre
» fin à tes fureurs , & de contenir les
» autres dans le devoir par ton exem-
» ple.

　　Eurymaque, fils de Polybe, prend
» la parole, & dit à la Reyne : Fille
» d'Icarius,. fage Penelope, ayez bon
» courage & ne vous affligez point ;
» il n'y a point d'homme, & il n'y
» en aura jamais qui ofe mettre la

main fur le Prince voftre fils pen- «
dant que je feray en vie & que je «
joüiray de la lumiere du foleil, car «
je le déclare, & je ne parle point «
en vain, on verra bien-toft couler «
fon fang le long de ma pique. Je «
me fouviens que dans mon enfance «
Ulyffe, le deftructeur de villes, me «
prenant fur fes genoux, me don- «
noit luy-mefme des mets de fa ta- «
ble & me faifoit boire dans fa cou- «
pe, c'eft pourquoy Telemaque eft «
le plus cher de mes amis, qu'il ne «
craigne point la mort de la part des «
Pourfuivants ; mais pour celle que «
les Dieux luy envoyeront, il n'y a «
perfonne qui puiffe l'en garantir. «

Il parla ainfi pour raffeurer Penelope par de fauffes apparences,
mais dans la verité il préparoit luy-
mefme la mort à fon fils. La Reyne
remonte dans fon appartement &
fe met à pleurer fon cher Ulyffe,
jufqu'à ce que la Déeffe Minerve,
pour fufpendre fes peines, luy eut

envoyé un doux fommeil.

Sur le foir le fidelle Eumée arriva auprés d'Ulyffe & de Telemaque. Il les trouva qui préparoient leur fouper aprés avoir immolé un cochon d'un an. Avant qu'il fuft entré dans fa maifon, Minerve s'eftoit approchée d'Ulyffe, & l'ayant frappé de fa verge d'or, elle luy avoit rendu fa premiere figure de vieillard, & avoit changé fes beaux habits en fes premiers haillons, de peur que ce pafteur ne le reconnuft, & que n'ayant pas la force de garder le fecret, il n'allaft auffi-toft annoncer cette bonne nouvelle à Penelope. Telemaque le voyant, luy parla le premier en ces termes:
» Vous voilà donc revenu mon cher
» Eumée; quelles nouvelles dit-on à
» la ville! Les fiers Pourfuivants,
» qu'on avoit envoyez en embufca-
» de, font-ils revenus à Ithaque, ou
» m'attendent-ils encore pour execu-
» ter leurs mauvais deffeins!

Je n'ay pas eu la curiofité, ré- «
pondit Eumée, de m'informer de «
ce qu'on difoit quand je fuis entré «
dans la ville. Dés que j'ay eu dit à «
la Reyne ce que vous m'aviez or- «
donné de luy dire, je n'ay eû d'au- «
tre empreffement que de revenir. «
En allant j'ay rencontré en chemin «
le heraut que vos compagnons, ar- «
rivez dans le port, envoyoient à la «
Reyne pour le mefme fujet. Nous «
fommes arrivez enfemble, & il a «
parlé le premier. La feule chofe que «
je fçay & que j'ay vûë de mes yeux, «
c'eft qu'en m'en revenant, comme «
je traverfois la colline de Mercure, «
j'ay apperceu un vaiffeau qui en- «
troit dans le port, il eftoit plein «
d'hommes, de lances & de boucliers. «
J'ay crû que c'eftoient ces Princes «
qui revenoient de leur embufca- «
de, mais je n'en fçay rien de cer- «
tain. «

Il dit. Telemaque foufrit en regardant fon pere, mais il évita d'ef-

tre apperceu par Eumée, de peur qu'il n'entraft en quelque foubçon. Leur fouper eftant preft, ils fe mirent à table, & quand ils eurent foupé ils fe coucherent & joüirent des paifibles dons du fommeil.

REMARQUES
SUR
L'ODYSSE'E D'HOMERE.

LIVRE XVI.

Page 1. ***P***Reparerent le desjeuner] Dans Homere il n'eſt fait mention que deux fois de ce repas, du *desjeuner* ſous le nom de ἄειϛον. La premiere, c'eſt dans le dernier Liv. de l'Iliade, vers 124. où il eſt dit que les compagnons d'Achille luy préparoïent à desjeuner. Mais, comme Caſaubon l'a remarqué, on n'eſt pas bien ſeur qu'Homere veüille parler-là du desjeuner. Et la ſeconde fois c'eſt dans cet endroit où ce mot eſt abſolument déterminé au desjeuner par ce qu'il adjoute ἄμ' ηοῖ, *à la pointe du jour*. On veut prouver par Homere meſme que les anciens Grecs avoient trois ſortes de repas, ἄειϛον, le *desjeuner*, qu'ils appellerent enſuite ἀκρατισμὸν, parce qu'on ne faiſoit que tremper du pain dans du vin pur. δεῖπνον, le *diſner*, ainſi appellé, parce qu'aprés ce repas on retourne au travail, δεῖ πονεῖν, & δόρπον, le *ſouper*, parcè

qu'aprés ce repas il n'y a plus de travail, ὄφρυ
πάνεται. Mais ces noms ont esté souvent mis
l'un pour l'autre ; de sorte que pour les bien
expliquer, il faut avoir égard au temps dont
il est parlé dans les endroits en question ;
car on voit souvent que ces trois repas n'en
font que deux, leur desjeuner, ἄειστν, estant le mesme que le disner, δεῖπνον, mais
pris de meilleure heure. On ne s'est pas
contenté de ces trois repas, on en adjoute
un quatriéme appellé δειλινόν. Les uns veulent que ce soit ce que nous appellons le
gouster, entre le disner & le souper : & les
autres que ce soit ce repas que l'on faisoit
aprés le souper, & que les Romains appel-
pelloient *comessationem*. Mais je croy que
ce repas estoit inconnu du temps d'Homere, & que le vers de ce Poëte sur lequel on
se fonde σὺ δ'ἔρχεο δειελιήσας, qu'on lit dans
le Liv. suivant doit estre expliqué d'une autre maniere, comme on le verra dans la
Remarque.

Page 2. *Et sautant à son cou, il luy baise
la teste, les yeux*] L'idée qu'on a eüe que cet
Eumée estoit un simple berger, a fait trouver qu'il en use trop familierement avec son
maistre. Mais cette idée est fausse, & comme je l'ay desja dit, Eumée estoit un homme considerable, non seulement par sa naissance, mais encore par son employ.

Et pour lequel il a eu de mortelles inquie-

tudes] Je croy que c'est ainsi qu'on doit expliquer ce vers,

$$..... τὰ δ' ἐπ' ἄλγεα πολλὰ μογήσω.$$

Celle qu'Euftathe luy a donnée, *pour le-*
quel il a pris beaucoup de peines, c'est à dire,
qu'il a fort bien élevé, ne me paroift ni naturelle ni convenable en cet endroit, jamais
on n'a appellé ἄλγεα les peines qu'un pere
fe donne pour l'éducation de fes enfants.

Page 4. *Et fi la couche d'Ulyffe eft defti-*
née à une éternelle viduité!] Il y a dans le
Grec: *Et fi la couche d'Ulyffe, vuide de ces*
efpoux, fera abandonnée aux toiles d'arai-
gnées. Il y a icy deux chofes à expliquer, la
coutume & l'expreffion. Pour la coutume,
je diray feulement que chez les Grecs, & cela
paffa chez les Romains, les mariez avoient
un fi grand refpect pour leur lit, que quand
l'un des deux venoit à mourir, le mary ou
la femme qui furvivoit & qui venoit à fe remarier, ne fe fervoit plus de ce lit pour ce
fecond mariage, & en faifoit tendre un autre.
On peut voir la Remarque de M. Dacier fur
le *Lectus genialis in aula eft!* De la 1. epift.
du 5. liv. d'Horace. Ce lit defert & abandonné a donné lieu à l'expreffion dont Telemaque fe fert icy, *fera abandonné aux*
toiles d'araignées, & qui eftoit une expreffion fymbolique & proverbiale, pour dire,
ne fervira plus, ne fera plus d'aucun ufage,
car les araignées font d'ordinaire leurs toiles

dans ce qui est ainsi desert & abandonné.
Cette expression estoit mesme alors fort
noble & fort expressive. C'est ainsi qu'Hesiode dit,

ὅτι δ' ἀγλέων ἐλάσσιας ἀράχνια.

Vous chasserez les araignées des vaisseaux,
pour dire, *vous aurez si grand soin des vaisseaux, que les araignées n'y feront plus leurs
toiles, à cause des fruits dont ils seront remplis*. Et un autre, pour demander la paix aux
Dieux, prie *que les araignées fassent leurs
toiles sur les armes* : ἀράχνας ἐπεύχεται νήμαζα ὑφάναι τῆς ὅπλοις. On voit par-là que
les Grecs employoient cette maniere de parler dans le serieux & dans le grand. Les Romains n'en ont pas usé de mesme, ils ne l'ont
employée que dans les petites choses, & en
badinant comme Catulle dit dans l'Ode à
Fabullus,

..... *Nam tui Catulli*
Plenus sacculus est aranearum.

Chaque langue a ses expressions & ses idées.
Ceux qui ne sont pas instruits de ces differences, tombent dans des Critiques tres ridicules, comme cela est arrivé à l'Auteur du
Parallele, qui n'a pas manqué de relever cet
endroit comme tres impertinent. *Telemaque*, dit-il, *arrivant chez Eumée, luy demande si penelope sa mere n'a point espousé quelqu'un de ses Amants*. Et il adjoute que *le lit
d'Ulysse doit estre plein d'araignées, faute*

de gens qui y couchent. Peut-on rien voir de plus ridicule que cette exposition !

Elle passe les jours & les nuits fort triste-ment à soupirer & à répandre des larmes] Quel plaisir pour Ulysse d'entendre ce rapport fait à son fils !

Asseyez-vous, Estranger] Telemaque n'est point choqué de voir ce gueux tout couvert de haillons, il ne le rebute point ; bien loin de cela, il ne veut pas mesme prendre sa place. Rien ne marque davantage le grand respect qu'on avoit pour les estrangers.

Page 5. *Il n'est plus mon suppliant, mais le vostre*] Eumée marque par-là son respect à Telemaque, & en mesme temps il rend un tres bon office à Ulysse en le mettant sous la protection du jeune Prince.

Page 6. *Et la Reyne ma mere est com-battuë & ne sçait*] Voilà une parole qui de-voit donner bien de l'inquietude à Ulysse, & le porter à prevenir ce malheur par sa di-ligence, en prenant promptement les mesu-res necessaires pour se défaire des Poursui-vants.

Page 7. *Car l'homme le plus vaillant & le plus courageux ne pourroit se deffendre con-tre tant d'ennemis*] Plus Telemaque trou-ve difficile & impossible mesme l'entreprise de resister aux Poursuivants, plus il releve la prudence & la valeur d'Ulysse, qui non seu-lement leur resistera, mais qui les fera tous perir.

Je vous asseure que je souffre & que je suis très affligé] Il n'y a rien de plus grand & de plus noble que le discours d'Ulysse ; rien qui marque un courage plus heroïque. Il est choqué de ce qu'il vient d'entendre dire à son fils, que l'homme le plus vaillant & le plus courageux ne pourroit défendre son hoste contre cette foule d'ennemis, & qu'il faut ceder à la force. Il luy fait sur cela une remonstrance tres forte, sans manquer pourtant au respect qu'il luy doit, & il luy fait fort bien voir que dans ces extremitez, qui paroissent si dangereuses, il n'y a rien qu'il ne faille tenter, & qu'un Prince à son âge doit plustost perir les armes à la main, que de souffrir tous les jours de nouveaux outrages, & que de se deshonnorer par une tolerance si indigne d'un homme de cœur.

Est-ce volontairement que vous subissez le joug! ou est-ce, &c.] Ulysse rassemble icy les trois choses qui peuvent porter un jeune Prince comme Telemaque à souffrir les desordres qu'on fait chez luy ; la premiere, une certaine foiblesse d'esprit, une imbecillité qui fait qu'on s'accomode à tout ; la seconde, la revolte des sujets qui se déclarent contre luy, qui veulent changer de maistre, & qui prétextent des oracles pour justifier leur rebellion, & la troisiéme, l'abandon de ses freres & de ses proches. Mais dans ces cas-là mesme il fait voir qu'un homme de courage ne s'abandonne pas luy-mesme, & que quoy que seul il tente toutes les voyes de se délivrer & de s'affranchir.

Page 8. *Ou Ulysse luy-mesme revenu de ses voyages, j'espere qu'il reviendra*] Eustathe nous avertit icy que les anciens Critiques ont expliqué ainsi cet endroit, *ou Ulysse luy-mesme*, & qu'ils ont retranché le vers suivant, *revenu de ses voyages, &c.*

ἔλϑοι ἀλητεύων, ἔτι γὰρ καὶ ἐλπίδος αἶσα.

Parce, disoient-ils, que ce vers ne fait qu'interrompre cet emportement heroïque d'Ulysse, & qu'ils ont trouvé plus de force à luy faire dire tout de suite, *Plust aux Dieux que je fusse le fils d'Ulysse, ou Ulysse luy-mesme. Je veux que l'estranger, &c.* Et d'abord cela avoit plû à Eustathe mesme, mais dans la suite il a bien vû qu'il y avoit de bonnes raisons pour conserver ce vers. En effet il est tres necessaire; Ulysse dans son entretien s'estoit trop avancé, car en disant, *plust aux Dieux que je fusse le fils d'Ulysse, ou Ulysse luy-mesme*, il avoit donné lieu à quelque soubçon qu'il ne fust veritablement Ulysse, c'est pourquoy pour destruire cette impression il adjoute avec beaucoup de finesse, *J'espere qu'il reviendra, il y a encore lieu de l'esperer.* Et par-là il éloigne adroitement le soubçon que ses premieres paroles avoient pû faire naistre.

Je veux que l'estranger m'enleve la teste

de deſſus les eſpaules] Il dit *l'eſtranger*, pour dire *un ennemi eſtranger*, parce que cet ennemi eſt ordinairement plus feroce, qu'il inſulte meſme aux vaincus aprés la mort , & que cela marque une calamité plus grande. C'eſt ainſi que Jeremie dit, Lamen. 5. 2. *Hereditas noſtra verſa eſt ad alienos, domus noſtra ad extraneos.* C'eſt ainſi que le Prophete Abdias annonce aux Iduméens qu'ils periront , parce que lorſque les eſtrangers entrerent à Jeruſalem pour la ſaccager, ils ſe joignirent à cet ennemi.

Que ſi j'eſtois enfin obligé de ceder au nombre] Le diſcours de Telemaque avoit deux parties ; la premiere, *Que l'homme le plus vaillant & le plus courageux ne pourroit ſe deffendre contre tant d'ennemis ;* & la ſeconde, *Qu'il faut ceder à la force.* Juſqu'icy Ulyſſe a répondu à la premiere, & il va répondre à la ſeconde, en faiſant voir que s'il faut ceder à la force, il faut luy ceder, non en ſe ſoumettant laſchement à ſon ennemi, mais en luy reſiſtant, & en mourant l'eſpée à la main, accablé par le nombre. Voilà la ſeule maniere honneſte de ceder. C'eſt un ſentiment bien heroïque, mais c'eſt le ſentiment que tout homme de courage doit avoir.

Page 16. *Mon cher Eumée, allez promptement apprendre à la ſage Penelope*] Telemaque n'oublie pas l'ordre que luy a donné Minerve au commencement du XV. Liv. d'envoyer Eumée annoncer son retour à Penelope, & Minerve a fort bien menagé cela pour éloigner ce fidelle serviteur, & donner lieu à Ulysse de se faire reconnoistre, car il falloit qu'il fust reconnu premierement par Telemaque. Si la reconnoissance s'estoit faite devant Eumée, on auroit perdu celle qui se fera par ce pasteur. Et ce sont ces differentes reconnoissances qui font un des plus grands plaisirs de la Poësie.

Page 11. *Mais laissons-le encore dans sa douleur, quelque affligé qu'il soit*] C'est le sens, si on lit ἀχνύμενον περ. Je sçay bien qu'on peut justifier cette leçon, mais je sçay aussi que cela paroist trop dur pour Telemaque. Pour moy j'en ay d'abord esté choquée, & je ne doute pas qu'Homere n'eust escrit ἀχνύμενοι περ, *laissons-le dans sa douleur, quelques affligez que nous en soyons.* Quelque peine que cela nous fasse, dit Telemaque, laissons luy ignorer encore ce qui mettroit fin à ses chagrins. Il me semble que c'est ainsi que Telemaque doit parler.

La maistresse de l'office] Comme celle qui estoit la plus fidelle à sa maistresse.

Page 12. *Ses chiens l'apperceurent aussi*] Car comme ils ne pouvoient pas la déceler, elle ne se cacha point à eux, & Homere adjoute cela pour faire entendre que les animaux mesmes reconnoissent la Divinité.

Page 13. *Elle le toucha de sa verge d'or*]
Homere donne une verge à Minerve, comme l'Escriture sainte en donne quelquefois aux Anges : *Extendit Angelus summitatem virgæ quam tenebat in manu. L'Ange estendit le bout de la verge qu'il avoit à la main.* Jug. 6. 21.

Et saisi de crainte & de respect, il détourna la vûë] Comme Telemaque estoit encore enfant quand Ulysse partit pour Troye, il ne peut le reconnoistre. C'est donc avec raison qu'une métamorphose si subite & si merveilleuse luy persuade que ce n'est pas un homme, mais un Dieu.

De peur que ce ne soit un Dieu] Je m'estonne qu'Eustathe ne soit point entré icy dans le veritable sens de ces paroles. Ce que Telemaque dit est fondé sur la crainte qu'avoient les premiers hommes quand il voyoient quelqu'un des Dieux Ils se croyoient si indignes de cette vûë. que quand cela leur arrivoit, & Dieu se manifestoit alors assez souvent aux hommes, ils se croyoient menacez de la mort, ou de quelque grand malheur. Nous en avons plusieurs exemples dans l'Escriture sainte ; les Israëlites disent à Moïse, *Loquere tu nobis & audiemus, non loquatur nobis Dominus ne forte moriamur.* Exod. 15. 19. Gedeon ayant vû que c'estoit l'Ange du Seigneur qui luy avoit parlé, s'escrie, helas, Seigneur, mon Dieu, parce que *j'ay vû le Seigneur face à face. Et le Seigneur luy dit, paix pour toy, ne crains point. Videnſque Gedeon quod eſſet Angelus Domini, ait, heu, mi Domine Deus, quia vidi Angelum Domini facie ad faciem. Dixitque ei Dominus, pax tecum, ne timeas, non morieris.* Jug. 6. 22. Dans le meſme livre des Juges 1 3. 2 **2.** Manué ayant vû l'Ange monter au ciel avec la flamme qui s'élevoit de l'autel, dit à ſa femme, *Morte moriemur, quia vidimus Deum.* Nous mourrons, parce que nous avons vû Dieu. C'eſt la meſme crainte qui fait que Telemaque croyant voir un Dieu, *détourne la vûë,* & dit, *ſoyez-nous propice,* & enfin, *eſpargnez-nous,*

Page 1 4. *Je ſuis Ulyſſe, je ſuis voſtre pere*] C'eſt ainſi que dans la reconnoiſſance de Joſeph, lorſqu'il ſe fait reconnoiſtre à ſes freres, il leur dit: *Ego ſum Joſeph, ego ſum Joſeph, frater veſter, quem vendidiſtis in Egyptum.*

Car juſques-là il avoit eu la force de les retenir] C'eſt ainſi que Joſeph, aprés s'eſtre retenu long-temps, eſclata & fondit en larmes: *Non ſe poterat ultra cohibere Joſeph.* Je ſuis ravie de voir que les plus beaux traits d'Homere, les traits naturels & les plus touchants, ſont ceux qui approchent le plus de ces traits originaux qu'on trouve dans l'Eſcriture ſainte.

Page 1 5. *A moins qu'un Dieu venant à*

*son secours, ne veüille se servir de son pou-
voir, & le rendre & vieux & jeune comme il
luy plaist*] Les Payens estoient persuadez que
Dieu pouvoit rajeunir l'homme le plus avancé en âge. Il n'y a que Dieu qui puisse dire
ce que Moïse dit à Aser dans la benediction
qu'il donna aux enfants d'Israël : *Sicut dies
juventutis tuæ, ita & senectus tua. Ta vieillesse sera comme les jours de ta jeunesse.*
Deuteron. 33. 25. C'est dans cette mesme
vûë que David dit dans le Ps. 102. *Reno-
vabitur ut aquila juventus tua.*

Page 16. *C'est l'ouvrage de Minerve qui
preside aux assemblées des peuples*] C'est ce
que signifie cette épithete άγελείας, qu'on
donnoit à Minerve, pour faire entendre que
c'est la Providence de Dieu qui conduit les
peuples.

Il fond en larmes, Ulysse pleure de mesme]
La joye & la surprise ont leurs larmes, & ces
larmes sont la premiere expression qu'on
donne de ses sentiments. Joseph pleure en
se faisant reconnoistre à ses freres : *Cumque
amplexatus recidisset in collum Benjamini
fratris sui, flevit, illo quoque similiter flente
super collum ejus. Et se jettant au col de son
frere Benjamin & l'embrassant il pleura,
Benjamin pleurant de mesme sur le col de Joseph.* Il pleura de mesme sur tous ses freres
en les embrassant. *Genes.* 45. 14. 15.

Et ils poussent des cris] Car ces larmes estoient

toient accompagnées de cris. *Elevavitque,*
(Joseph) *vocem cum fletu, quam audierunt*
Ægyptii omnisque domus Pharaonis. Ibid.
45. 2.

Page 17. *Des Pheaciens, gens celebres*
dans la marine] Pour ne pas fatiguer son
Lecteur desja instruit, Homere réduit à six
vers toute l'histoire de son retour qu'il a desja expliquée.

Page 18. *Mais nommez-les moy tous,*
afin que je sçache combien ils sont, & quels
hommes ce sont] La prudence veut qu'un
homme connoisse les ennemis qu'il a à com-
battre, & non seulement qu'il en sçache le
nombre, mais qu'il en connoisse la qualité,
afin qu'il prenne sur cela ses mesures.

Je ne croy pas possible que deux hommes
seuls combattent un si grand nombre de vail-
lants hommes] La proposition d'Ulysse a ef-
frayé Telemaque, car il a une grande idée
de la valeur de ces Poursuivants. Mais ils ne
sont pas si braves qu'il se l'imagine.

Page 19. *Ils ont avec eux le heraut Me-*
don, le chantre divin & deux cuisiniers] Ils
sont donc en tout cent dix-huit, en y com-
prenant les cuisiniers, le heraut & le chantre. Mais ces deux derniers ne doivent pas
estre comptez parmi les ennemis d'Ulysse.
Aussi ne periront-ils pas avec les autres.

Page 20. *Quoy-qu'assis au dessus des*
nuées, ils font sentir de-là leur pouvoir à tous

les hommes & à tous les Dieux] Jupiter &
Minerve ne font icy que le Dieu fuprefme
toujours accompagné de fa fageffe, avec laquelle il conduit tout. Homere releve bien
icy la majefté d'un feul Dieu à qui tous les
hommes & tous les Dieux obéïffent, & en
mettant ces paroles dans la bouche d'un jeune Prince comme Telemaque, il fait bien
connoiftre que c'eft un fentiment reçeu &
bien eftabli.

*Dés que Mars aura donné dans mon Pa-
lais le fignal de cette furieufe attaque*] Il y
a mot à mot dans le Grec : *Lorfque la force
de Mars fe décidera dans mon Palais entre
les Pourfuivans & nous.* Il appelle *la force
de Mars* le combat mefme, parce que la
force & la valeur y décident de la défaite &
de la victoire.

*Page 21. Il eft feur qu'ils ne cederont ni
à vos confeils ni à vos remonftrances, car ils
touchent à leur dernier moment*] Homere dit
icy bien clairement que quand les méchants
touchent au moment où ils vont eftre punis
de leurs crimes, l'endurciffement volontaire
eft monté à fon comble, & qu'il n'y a plus
lieu au repentir.

*Dés que Minerve, de qui viennent tous
les bons confeils, m'aura envoyé fes infpirations, je vous feray un figne de tefte*] Cela ne
fera pas neceffaire, car la fortune leur donnera un temps plus favorable qu'Ulyffe n'ofe

-efperer, comme on le verra au commencement du x i x. Liv. On peut voir-là la premiere Remarque.

Vous prendrez toutes les armes qui font
dans l'appartement bas] Euftathe nous avertit que tout cet endroit des armes a efté mar-
qué par les anciens Critiques d'une po'nte &
d'une eftoile; de l'eftoile, pour dire que ces
vers font fort beaux, & de la pointe, pour dire qu'ils font déplacez & qu'ils appartiennent
au commencement du x i x. Liv. La raifon
de ces Critiques eft qu'icy Ulyffe ne peut
pas fçavoir fi ces armes font dans l'appartement bas, au lieu que dans le x i x. Liv. il le
voit de fes yeux. Mais cette raifon me paroift tres foible. Ulyffe peut fçavoir que les
armes font en bas, parce qu'il les y a laiffées,
& que c'eftoit leur place ordinaire. C'eft
donc fort à propos qu'il donne icy cet avis à
Telemaque, & que dans le x i x. Liv. il luy
repete les mefmes chofes lorfqu'il eft temps
de les executer.

Page 2 2. *Car le fer attire l'homme*] Cela
eft parfaitement bien dit & tres vray; quand
les hommes ont des armes fous la main , il
eft bien difficile qu'ils ne s'en fervent dans
la colere; cela les attire & les porte à s'en
fervir. Auffi remarque-t-on qu'il perit plus
d'hommes par l'efpée dans les pays où les
hommes vont armez, que dans ceux où ils
ne portent point d'armes.

C ij

Et que vous ne ruiniez par-là vos desseins] Car Penelope offensée de cette insolence, ne voudroit jamais prendre un mary parmi ces Princes qui auroient versé le sang dans son Palais.

Vous ne laisserez que deux espées, deux javelots & deux boucliers] Car Ulysse compte qu'il sera seul avec son fils à attaquer ces Poursuivants. Il se joindra à eux deux domestiques, & alors on pensera aux moyens de leur fournir des armes.

Dont nous nous servirons quand nous voudrons les immoler] Au lieu de ἐπιθύσαντες, je croy qu'Homere avoit escrit ἐπιθύσοντες, car il me semble que le sens demande un futur, à moins qu'on explique cet ἐπιθύσαντες, *quand la fureur se sera emparée de nostre esprit.*

Page 23. *Si vous estes de mon sang*] Cette expression est familiere à Homere, & nous l'avons retenue. Il y a dans ce Poëte beaucoup de façons de parler qui ont passé dans nostre langue.

Gardez-vous bien de dire à qui que ce soit qu'Ulysse est dans le Palais] Le secret est la source de tous les grands succés dans les affaires difficiles. Aussi une des grandes qualitez d'Ulysse, qui estoit si éloquent, c'estoit la taciturnité & le secret, & c'est à cette qualité seule qu'il veut reconnoistre son fils.

Et que je ne suis ni imprudent ni foible]

C'eſt ce que ſignifie proprement

.... οὐμδὺ γάρ τι χαλιφροσύναι μ'ἔχουσιν.

Ce mot χαλιφροσύναι marque la foibleſſe
d'eſprit & l'imprudence, qui ſont les deux
cauſes de ce qu'on parle trop & qu'on ne
peut garder ſecret. L'imprudence fait qu'on
ignore l'utilité d'une parole tuë, & les mauvais effets d'une parole laſchée mal à propos;
& la foibleſſe fait qu'on ne peut taire ce
qu'on doit tenir caché.

Mais je prendray la liberté de vous re-
preſenter] Homere fait icy honneur à Telemaque, & montre que ce n'eſt pas ſans raiſon qu'il l'a appellé *ſage,* car il donne à ſon
pere un meilleur conſeil que celuy qu'il pro-
poſoit. Ce Poëte fait entendre par-là que les
hommes âgez & le plus conſommez en ſageſſe & en experience peuvent recevoir des
avis utiles des plus jeunes & de ceux qui ont
le moins d'experience.

Page 24. *Contentez-vous donc d'examiner*
les démarches des femmes du Palais] Car
eſtant toutes enſemble expoſées à ſes yeux,
il pouvoit facilement & ſans perdre aucun
temps examiner leur conduite, au lieu que
les autres domeſtiques eſtant diſperſez dans
ſes maiſons de campagne, il falloit un temps
infini pour les taſter.

S'il eſt vray que vous ayez vû un prodige]
Car ſi ce prodige vient de Jupiter, on doit
avoir cette confiance qu'il aura ſon effet,

ainfi il n'eſt pas neceſſaire de prendre des
meſures ſi éloignées, il faut s'aſſeurer ſeulement de ce que la prudence ne permet pas
de negliger.

*Pendant cette converſation d'Ulyſſe & de
Telemaque, le vaiſſeau qui avoit porté ce jeune Prince à Pylos, arriva à Ithaque*] Ce vaiſſeau a donc eſté le ſoir du jour précedent,
toute la nuit & une partie de la matinée de
ce jour là à aller au port de la ville d'Ithaque
du lieu où Telemaque avoit débarqué ; car
il faut ſe ſouvenir que Telemaque, pour éviter les Pourſuivants, avoit pris un grand dé-
tour, qu'il avoit mis pied à terre à la rade
ſeptemtrionale, & que ſon vaiſſeau pour retourner à Ithaque avoit doublé toute l'iſle
du coſté du couchant. Voilà pourquoy il
n'arrive que le lendemain, & c'eſt ce qui fait
que le heraut parti du vaiſſeau & Eumée
parti de la maiſon de campagne, ſe rencon-
trent en chemin, allant tous deux porter à
Penelope la nouvelle de l'arrivée de ſon fils.

*Page 25. Le heraut luy dit devant toutes
ſes femmes, &c. mais Eumée s'approchant
de ſon oreille*] Homere marque bien la dif-
ference des caracteres ; le heraut, qui n'eſtoit
pas mal intentionné, mais qui eſtoit eſtour-
di, parle à la Reyne devant tout le monde,
mais Eumée, qui eſtoit ſage & prudent, s'approche de ſon oreille & luy parle bas.

Page 27. Je puis vous aſſeurer que ce ſont

les Dieux eux-mesmes qui ont garenti cet homme] Antinoüs fait à l'assemblée le rapport de son voyage, & en voulant s'excuser & excuser ses compagnons, & faire voir que ce n'est pas leur faute si Telemaque n'est pas tombé dans le piége qu'ils luy avoient tendu, il montre évidemment que ce Prince est aimé des Dieux, & que c'est contre leur volonté mesme qu'ils le poursuivent. Homere met icy dans un grand jour la folie & l'aveuglement des méchants, ils connoissent l'énormité de leurs crimes & ils ne laissent pas de les continuer, se flatant toujours qu'ils seront plus heureux qu'ils n'ont esté, & que leurs finesses prévaudront sur la sagesse de Dieu mesme.

Page 28. *Tendons-luy donc icy tous ensemble d'autres embusches*] Mais les Dieux qui l'ont sauvé de ces premieres embusches, n'auront-ils pas la force de le sauver encore de celle cy ! Voilà comme la passion aveugle.

Avant qu'il ait appellé tous les Grecs à une assemblée] Car ils avoient tout sujet de craindre que dans cette assemblée ceux qui estoient encore fidelles à Telemaque, n'entraisnassent ceux qui avoient embrassé leur parti.

Page 29. *Prevenons-le, & allons le tuer à sa campagne ou sur le chemin*] C'estoit sans doute le moyen le plus seur de se défaire de

ce Prince. Mais les Dieux, qui vouloient le
sauver, empeschent qu'on ne suive cet avis.
Homere jette icy son Lecteur dans une veritable allarme, & il luy fait un grand plaisir, en le rasseurant par le discours d'Amphinomus.

*Cessons donc de nous-tenir tous dans sa,
maison à manger son bien*] Voilà l'avis le
plus sage, mais comme les Dieux n'ont pas
permis pour le salut de Telemaque que le
mauvais avis fust suivi, ils ne permettront
pas non plus pour la perte des Poursuivants
que le bon soit agréé, car il faut que ces,
Poursuivants perissent.

*Et qu'elle espouse celuy qui luy fera les,
plus grands avantages & qui luy est destiné*]
Voicy encore de ces paroles qui ont un sens
caché & prophetique, que celuy qui parle
n'entend point & que le Lecteur instruit penetre. Penelope n'espousera qu'Ulysse, qui
est seul le mary qui luy a esté destiné & qui
luy fera les plus grands avantages, car il la
délivrera de ses ennemis & la restablira Reyne & souveraine.

Page 30. *Et le moins desagréable aux
yeux de Penelope*] Il luy estoit desagréable,
parce qu'il estoit du nombre des Poursuivants, mais il luy estoit moins desagréable
que les autres, parce qu'il avoit quelque sorte
de justice & de moderation.

C'est une chose terrible que de porter ses

mains parricides fur un Roy] Car les Roys
font facrez, & c'eſt attaquer la Divinité que
d'attenter à leur perſonne. Cela reſſemble
fort à ce que dit David à Abiſaï, lorſqu'eſtant entrez tous deux dans le camp de Saül,
& ayant trouvé ce Prince endormi au milieu de ſes troupes, Abiſaï voulant le percer
de ſa pique, *Ne interficias eum,* luy dit ce
faint Roy, *quis enim extendet manum ſuam
in Chriſtum Domini & innocens erit?* Sam.
1. 26. 9.

*Si ſes oracles ſacrez approuvent ce meur-
tre*] Strabon, liv. 7. nous apprend que les
anciens Critiques avoient eſcrit tout autre-
ment ce vers, & qu'au lieu de Θέμιςες, *les
oracles,* ils avoient mis τομοῦροι, entendant
par ce mot les Preſtres de Dodone, dont le
temple eſtoit ſur le mont Tomare, & qui
de-là furent appellez *Tomares,* comme qui
diroit *gardiens du mont Tomare :* ainſi il faudroit traduire, *ſi les Preſtres de Dodone approuvent ce meurtre.* Car, diſoient-ils, il eſt
beaucoup mieux d'eſcrire τομοῦροι que Θέμιςες, parce que jamais Homere ne s'eſt ſervi
du mot Θέμιςες pour dire *des oracles,* & qu'il
l'a toujours employé pour ſignifier des con-
ſeils, des réſolutions, des loix. Mais il paroiſt
que Strabon n'eſt pas de cet avis, car il adjoute qu'il eſt plus ſimple & plus naturel
d'entendre icy par ce mot Θέμιςες, *la volonté, les ordres de Dieu, ſes déciſions décla-*

rées par des oracles, & qui sont regardées comme des loix, Θέμιςες Διός estant icy ce qu'il appelle ailleurs Διός βυλω, *l'ordre de Jupiter*. En effet, pourquoy les oracles ne pourroient-ils pas estre appellez Θέμιςες ! ne sont-ils pas les arrests, les décisions de la justice de Dieu ? Mais, comme Casaubon l'a remarqué, ces anciens Critiques se sont trompez quand ils ont asseuré que jamais Homere ne s'est servi de ce mot Θέμιςες pour dire *des oracles,* car il est expressement dans l'hymne à Apollon,

..... Καὶ αγγέλλουσι Θέμιςας.
Φοίβου Ἀπόλλωνος χρυσαόρου.

Et ils annoncent les oracles d'Apollon, &c. On dira que cet hymne n'est pas reconnuë de beaucoup de sçavants pour estre d'Homere, mais l'Antiquité le luy a attribué, & il est certainement tres ancien. D'ailleurs Strabon employe le mot Θεμιςείαν pour dire des oracles. Dans les oracles qui nous restent, on lit souvent Θεμιςεύειν pour dire *rendre des oracles.* Et dans Elien, liv. 3. chap. 43. & 44. οὔ σε Θεμιςεύσω, signifie, *je ne vous rendray point d'oracle.* Aussi Hesychius n'a pas fait difficulté de marquer, Θέμιςες, μαντεῖα, χρησμοί, δίκαια, νόμοι. *Le mot* Θέμιςες *signifie des oracles, des réponses des Dieux, des arrests, des loix.*

　Je seray le premier à l'executer] Amphinomus ne pouvoit pas ouvrir un meilleur

avis pour fauver Telemaque, car il eftoit
bien feur que Jupiter n'approuveroit pas ce
meurtre, & d'ailleurs pour aller confulter fon
oracle il falloit du temps.

Cependant la fage Penelope prit la réfo-
lution d'aller trouver ces fiers Pourfuivants]
Penelope ne fe montroit à ces Princes que
tres rarement, & toujours pour des neceffi-
tez preffantes.

Page 31. *Car le heraut Medon qui avoit*
entendu tout ce qu'Antinoüs avoit dit] Aprés
ce vers, Euftathe en fait fuivre un qui ne
paroift pas dans la plufpart des éditions &
qui m'eft fort fufpect :

Αὐλῆς ἐκτὸς ἐὼν οἱ δ' ἔνδοθι μῆτιν ὕφαινον.
Car il eftoit hors de la cour, & ils delibe-
roient dans la cour mefme. Ou je n'ay pas
bien compris la fituation des Pourfuivants
& le lieu où ils tiennent leur confeil, ou ce
vers ne peut s'accommoder avec ce que le
Poëte en a dit : il me femble qu'il a dit plus
haut, Qu'ils fortirent tous du Palais, & qu'ils
s'affemblerent hors de la cour,

Ἐκ δ' ἦλθον μεγάροιο παρὲκ μέγα τειχίον
αὐλῆς.

Mot à mot : *Ils fortirent du Palais au de-là*
de la grande muraille de la cour. Et une
marque bien feure qu'ils eftoient hors de la
cour, c'eft qu'ils virent le vaiffeau qui eftoit
dans le port ; comment l'auroient-ils vû s'ils
avoient efté dans la cour mefme derriere

cette haute muraille? Cela estant, il est clair
que ce dernier vers, qui dit que Medon estant hors de la cour, entendit les resolutions
qu'on prenoit dans la cour mesme, ne peut
subsister, car il contredit le premier. Il est
vray qu'on peut le corriger de cette maniere,

Αὐλῆς ἐντὸς ἐὼν, ὁιδ᾽ἔκποθε μῆτιν ὕφαινον.
Estant dans la cour, car les Poursuivants es-
toient assemblez hors de la cour. De cette
maniere la contradiction est ostée, & il n'y a
plus de difficulté.

Sans aucun respect pour une maison dont
vous estes les suppliants] J'ay suivi icy le sens
plus que les mots. Il y a dans le texte, οὐδ᾽ ἱ-
κέτας ἐμπάζεαι: *& vous ne respectez pas vos*
suppliants. Expression qui rend d'abord ce
passage fort difficile, car on ne voit pas tout
d'un coup comment Penelope peut dire à
Antinoüs qu'*il ne respecte pas ses suppliants,*
puisque c'est luy au contraire qui est le suppliant. Mais il n'y a qu'un mot à dire pour
d'expliquer. C'est que le terme ἱκέτης est ac-
tif & passif, il signifie également le suppliant
& celuy qui le reçoit, comme Didyme &
Eustathe aprés luy, l'ont fort bien remarqué.
Τοὺς προσδεχομένους ἱκέτας ὠνόμασεν ὁμωνύ-
μως αὐτοῖς τοῖς ἱκετεύουσιν. *Il a appellé ἱκέτας*
suppliants ceux qui reçoivent les suppliants,
comme les suppliants eux-mesmes. C'est comme le mot *hoste,* qui signifie celuy qui est receu dans une maison & celuy qui le reçoit.

Homere employe icy ἱκέται dans le dernier
sens, pour marquer la maison où le pere
d'Antinoüs avoit esté suppliant, comme il
va l'expliquer. J'ay mis ce passage à la maniere la plus ordinaire.

Jupiter a esté le temoin de cette alliance,
& cette alliance deffend à ceux qu'elle a unis,
toutes voyes de se nuire] Dés qu'un homme
avoit esté receu suppliant chez quelqu'un,
cela lioit ces deux maisons par des liens sacrez qui ne permettoient plus aucunes voyes
de fait entre elles, comme à Rome entre les
patrons & les clients. Cette alliance contrac-
tée par cet estat de suppliant adjoutoit à ses
propres liens ceux de l'hospitalité qui estoient aussi sacrez.

Page 32. *Tu deshonnores & tu ruines sa*
maison] Tout ce discours de Penelope est
plein de force. Elle rassemble icy tout ce
que le sujet peut fournir de plus vif & de plus
touchant. *Tu deshonnores & tu ruines sa*
maison, la maison d'un Prince qui a sauvé la
tienne. *Tu poursuis sa femme,* la femme de
ton bienfaicteur. *Tu assassines son fils,* ce fils
que les loix de suppliant & celles de l'hospitalité rendent sacré pour toy, & pour le salut
duquel tu dois exposer ta propre vie. *Et tu*
m'accables de tristesse & de chagrins, cela
est encore plus fort & marque plus de folie;
tu accables de chagrins & de tristesse non
seulement une personne que tu dois respec-

ter par les raifons qu'on vient de dire, mais une perfonne à qui tu veux plaire, que tu veux efpoufer; cela eft inoüi qu'un homme offenfe une femme dont il veut fe faire aimer.

Ayez bon courage & ne vous affligez point] Le difcours d'Eurymaque eft tout ironique, & a un fens caché bien different de celuy que fes paroles prefentent, car il veut dire que Telemaque ne mourra que de fa main, qu'il le tuëra luy-mefme dés que Jupiter fe fera déclaré. Homere le confirme luy-mefme dans la fuite.

Page 33. *On verra bien-toft couler fon fang le long de ma pique*] Il femble qu'il dife qu'on verra bien-toft couler le fang de celuy qui attentera à la vie de Telemaque, mais dans la verité il veut dire que l'on verra bien-toft couler le fang de Telemaque luy-mefme.

Je me fouviens que dans mon enfance, Ulyffe le deftructeur de villes me prenant fur fes genoux] Eurymaque dit cecy en fe moquant, car il ramaffe & fait valoir les petites marques de bonté qu'Ulyffe luy avoit données dans fon enfance, comme fi c'eftoient les feules obligations qu'il luy euft, & il ne parle pas des obligations effentielles qu'il avoit à un bon maiftre comme Ulyffe qui traitoit fon peuple pluftoft en pere qu'en Roy.

Mais pour celle que les Dieux luy envoye-
ront, il n'y a perſonne qui puiſſe l'en garen-
tir] Il ſemble qu'il diſe que Telemaque n'a
à craindre que la mort naturelle, & que comme il eſt ordonné à tous ſes hommes de
mourir, il mourra auſſi-bien que les autres
quand ſon heure ſera venuë ; mais ces paroles ont un ſens caché bien different, & qui,
comme Euſtathe l'a fort bien vû, a rapport
à ce qu'a dit Amphinomus, *Que ſi les oracles*
ſacrez de Jupiter approuvent le meurtre de
Telemaque, il ſera le premier à l'executer.
Eurymaque entend donc que quand les oracles ſe feront expliquez & auront approuvé
la mort qu'on prépare à ce jeune Prince, il
n'y a perſonne qui puiſſe l'en garentir, &
qu'on le tüera pour obéïr à l'oracle. Ce diſ-
cour ironique eſt le diſcours d'un inſenſé qui
a bonne opinion de luy-meſme.

Page 35. *Comme je traverſois la colline*
de Mercure] C'eſtoit une colline prés d'I-
thaque, & on l'appelloit de *Mercure*, parce
que les collines eſtoient ordinairement con-
ſacrées à ce Dieu, & eſtoient appellées de ſon
nom. C'eſt ainſi que prés de Carthage il y
avoit un promontoire appellé *Hermea*, ἑρ-
μαία ἄκρα τραχεῖα, dit Strabon. Et l'on
prétend que cela eſt fondé ſur ce que Mercure, qui eſtoit le heraut & le meſſager des
Dieux, avoit nettoyé tous les chemins dans
ſes frequents voyages, & que quand il trou-

voit des pierres, il les jettoit hors du chemin
& en faisoit un monceau, & que de-là tous
les monceaux de pierres estoient appellez
ἕρμαιοι, *Mercurii.* C'est de ces monceaux de
pierres appellez *Mercure,* que je croy qu'il
faut entendre cet endroit de Salomon, Pro-
verb. 27. 8. *Sicut qui mittit lapidem in acer-
vum Mercurii, ita qui tribuit insipienti hono-
rem.* Ce sage Roy compare l'action de celuy
qui comble d'honneur un fou, à celle d'un
homme qui par devotion jette une pierre sur
un de ces monceaux de Mercure. L'un &
l'autre agissent en vain, car le fou n'est non
plus un homme que Mercure est un Dieu, &
l'honneur qu'on fait à un fou luy est aussi inutile que l'est à Mercure la pierre que l'on jette sur le monceau qui luy est consacré.

Argument du Livre XVII.

TElemaque part de la maison d'Eumée & arrive dans son Palais. Il raconte à sa mere les principales particularitez de son voyage. Ulysse ensuite est mené à la ville ; pendant qu'Eumée entre dans la salle où les Poursuivants estoient à table, Ulysse à la porte du Palais est reconnu par son chien, qu'il avoit laissé en partant pour Troye, & qui meurt de joye d'avoir vû son maistre. Eumée s'en retourne chez luy, & Ulysse demeure avec les Princes.

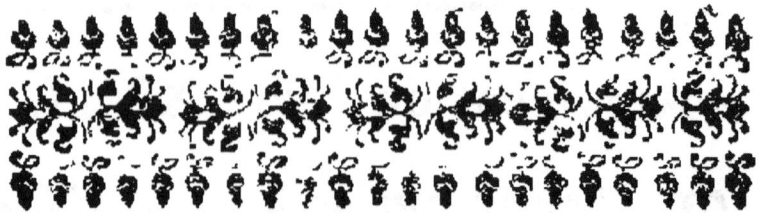

L'ODYSSÉE
D'HOMERE.

LIVRE XVII.

DE's que la belle aurore eut annoncé le jour, le fils d'Ulysse mit ses brodequins, & prenant une pique, il se disposa à se mettre en chemin pour s'en retourner à la ville. Mais avant que de partir, il parla ainsi à son fidelle Eumée :

» Mon cher Eumée, je m'en vais à
» la ville, afin que ma mere ait la con-
» solation de me voir, car je suis seur
» que pendant qu'elle ne me verra
» point, elle ne mettra fin, ni à ses re-
» grets ni à ses larmes : le seul ordre
» que je vous donne en partant, c'est

de mener voftre hofte à la ville où «
il mendiera fon pain; les gens cha- «
ritables luy donneront ce qu'ils «
voudront, car pour moy les cha- «
grins dont je fuis accablé, & le mal- «
heureux eftat où je me trouve ne «
me permettent pas de me charger «
de tous les eftrangers. Si voftre hof- «
te eft fafché, fon mal luy paroiftra «
encore plus infupôrtable, j'aime à «
dire toujours la verité.   «

Ulyffe prenant la parole, luy
répondit : Mon Prince, je ne «
fouhaite nullement d'eftre retenu «
icy; un mendiant trouve beaucoup «
mieux de quoy fe nourrir à la ville «
qu'à la campagne. A mon âge je «
ne fuis point propre à eftre aux «
champs, & à y rendre les fervices «
qu'un maiftre attendroit de moy; «
vous n'avez qu'à partir; celuy à «
qui vous venez de donner vós or- «
dres, aura foin de me mener dés que «
je me feray un peu chauffé, & que «
le temps fera adouci vers le haut du «

» jour, car je n'ay que ces méchants
» habits, & je crains que le froid du
» matin ne me faififfe, car vous dites
» que la ville eft affez loin d'icy.

Il dit, & Telemaque fort de la
maifon, & marche à grands pas,
méditant la ruine des Pourfuivants.
En arrivant dans fon Palais, il pofe
fa pique prés d'une colomne & entre dans la falle: Euryclée fa nourrice, qui eftendoit des peaux fur
les fieges, l'apperçoit la premiere,
& les yeux baignez de larmes, elle
court au devant de luy. Toutes les
femmes du Palais l'environnent en
mefme temps & l'embraffent en jettant de grands cris. La fage Penelope defcend de fon appartement,
elle reffembloit parfaitement à Diane & à la belle Venus. Elle fe jette
au cou de fon fils, le ferre tendrement entre fes bras, & luy baifant
» la tefte & les yeux, Mon cher Te-
» lemaque, luy dit-elle, d'une voix
» entrecoupée de foupirs, vous eftes

donc venu ! agréable lumiere ! Je «
n'efperois pas de vous revoir de ma «
vie depuis le jour que vous vous «
embarquaftes pour Pylos contre «
mon fentiment & à mon infceu, «
pour aller apprendre des nouvelles «
de voftre pere ! Mais dites-moy, je «
vous prie, tout ce que vous avez «
appris dans voftre voyage, & tout «
ce que vous avez vû. «

Ma mere, luy répondit le prudent «
Telemaque, ne m'affligez point par «
vos larmes, & n'excitez point dans «
mon cœur de trifles fouvenirs, puif- «
que je fuis efchappé de la mort qui «
me menaçoit. Mais pluftoft mon- «
tez dans voftre appartement avec «
vos femmes, purifiez-vous dans un «
bain, & aprés avoir pris vos habits «
les plus propres & les plus magni- «
fiques, adreffez vos prieres aux «
Dieux, & promettez-leur des he- «
catombes parfaites, fi Jupiter me «
donne les moyens de me venger de «
mes ennemis. Je m'en vais à la place «

» pour faire venir un eſtranger qui
» s'eſt refugié chez moy, & qui m'a
» ſuivi à mon retour de Pylos, je l'ay
» envoyé devant avec mes compa-
» gnons, & j'ay ordonné à Pirée de
» le mener chez luy, & de le traiter
» avec tout le reſpeſt & tous les égards
» que l'hoſpitalité demande.

Ce diſcours de Telemaque fit
impreſſion ſur l'eſprit de Penelope.
Elle monte dans ſon appartement
avec ſes femmes ; elle ſe purifie
dans le bain, & aprés avoir pris ſes
habits les plus magnifiques, elle
adreſſe ſes prieres aux Dieux & leur
promet des hecatombes parfaites, ſi
Jupiter fait retomber ſur la teſte de
leurs ennemis toutes leurs violences & leurs injuſtices.

Cependant Telemaque ſort du
Palais une pique à la main & ſuivi
de deux grands chiens. Minerve
luy donna une grace toute divine.
Le peuple, qui le voyoit paſſer, eſtoit dans l'admiration. Les Princes

s'empreſſent autour de luy & luy
font leurs compliments dans les termes les plus gracieux & les plus po-
lis, lorſque dans leur cœur ils me-
ditoient ſa perte. Telemaque ſe tira
de cette foule, & alla plus loin dans
un lieu où eſtoient Mentor, Anti-
phus & Halitherſe, les meilleurs
amis de ſon pere & les ſiens. Il s'aſſit avec eux, & dans le moment
qu'ils luy demandoient des nouvelles de ſon voyage, on vit le brave
Pirée qui menoit à la place l'eſtranger qui luy avoit eſté confié. Telemaque ſe leve promptement & va
au devant de luy ; Pirée, en l'abor-
dant, luy dit, Ordonnez tout à «
l'heure à des femmes de voſtre Pa- «
lais de venir chez moy, afin que je «
vous envoye les preſents que Me- «
nelas vous a faits. «

Le prudent Telemaque luy répond : Pirée, nous ne ſçavons pas «
encore ce que tout cecy pourra «
devenir. Si les fiers Pourſuivants «

» viennent à bout de me tuer en traîſ-
» tres dans mon Palais & de partager
» mes biens, j'aime mieux que vous
» ayez ces preſens qu'aucun deux, &
» ſi j'ay le bonheur de les faire tom-
» ber ſous mes coups, alors vous au-
» rez le plaiſir de les faire porter chez
» moy, & je les recevray avec joye.

En finiſſant ces mots il prit l'eſtranger Theoclymene & le mena
dans ſon Palais. Dés qu'ils furent
entrez ils ſe mirent au bain. Aprés
que les femmes les eurent baignez
& parfumez d'eſſences, & qu'elles
leur eurent donné des habits magnifiques, ils ſe rendirent dans la
ſalle & s'aſſirent ſur de beaux ſieges ; une belle eſclave porta une ai-
guiere d'or ſur un baſſin d'argent,
leur donna à laver, leur dreſſa une
table propre, que la maiſtreſſe de
l'office couvrit de toutes ſortes de
mets qu'elle avoit en reſerve ; Penelope entre dans la ſalle, s'aſſied
vis à vis de la table prés de la porte
avec

avec fa quenoüille & fes fufeaux.
Quand le Prince & fon hofte Theo-
clymene eurent fini leur repas, la
Reyne prenant la parole, dit:

Telemaque, je vais donc remon- «
ter dans mon appartement, & je «
me coucheray ce foir dans cette «
trifte couche, temoin de mes fou- «
pirs, & que je baigne toutes les «
nuits de mes larmes depuis le mal- «
heureux jour que mon cher Ulyffe «
a fuivi les fils d'Atrée à Ilion ; & «
avant que les fiers Pourfuivants re- «
viennent dans ce Palais, vous n'a- «
vez pas encore daigné m'informer, «
fi vous avez appris quelque nou- «
velle du retour de voftre pere. «

Je vous diray tout ce que j'ay «
appris, répondit Telemaque ; nous «
arrivafmes à Pylos chez le Roy «
Neftor, qui me receut comme un «
pere reçoit fon fils unique reve- «
nu d'un long voyage ; ce Prince «
me traita avec la mefme bonté & «
la mefme tendreffe. Il me dit qu'il «

» n'avoit appris aucune nouvelle
» d'Ulysse, & qu'il ne sçavoit ni s'il
» estoit en vie, ni s'il estoit mort, mais
» en mesme temps il me conseilla
» d'aller chez le fils d'Atrée, chez le
» vaillant Menelas, & me donna un
» char & des chevaux & le Prince son
» fils aisné pour me conduire. Là j'ay
» vû Helene, pour laquelle les Grecs
» & les Troyens ont livré par la vo-
» lonté des Dieux tant de combats &
» soutenu tant de travaux devant les
» murs de Troye. Menelas me re-
» ceut avec beaucoup de bonté, Il
» me demanda d'abord ce qui m'a-
» menoit à Lacedemone ; je luy dis
» le sujet de mon voyage, & voicy
» ce qu'il me répondit:

» Grands Dieux ! s'escria-t-il, ces
» lasches aspirent donc à la couche
» de cet homme si vaillant & si re-
» nommé ! Il en sera d'eux comme
» de jeunes faons qu'une biche a por-
» tez dans le repaire d'un lion ; aprés
» les y avoir posez comme dans un

asyle, elle s'en va dans les pastura- «
ges sur les collines & dans les val- «
lées ; le lion de retour dans son re- «
paire, trouve ces hostes & les met «
en pieces ; de mesme Ulysse revenu «
dans son Palais mettra à mort tous «
ces insolents. Grand Jupiter , & «
vous Minerve & Apollon , que ne «
voyons-nous aujourd'huy Ulysse «
tel qu'il estoit autrefois , lorsque «
dans la ville de Lesbos il se leva «
pour lutter contre le redoutable «
Phylomelide qui l'avoit deffié. Il «
le terrassa, & réjoüit tous les Grecs «
par cette insigne victoire. Ah , si «
Ulysse au mesme estat tomboit «
tout à coup sur ces Poursuivants, «
ils verroient bien-tost leur dernier «
jour, & ils feroient des nopces bien «
funestes ! Sur toutes les choses que «
vous me demandez, continua-t-il, «
je ne vous tromperay point , & je «
vous diray sincerement tout ce que «
le vieux Dieu marin m'a appris ; je «
ne vous cacheray rien. Il m'a dit «

» qu'il avoit vû Ulyſſe accablé de
» déplaiſirs dans le Palais de la Nym-
» phe Calypſo qui le retenoit malgré
» luy. Il ne peut abſolument retour-
» ner dans ſa patrie, car il n'a ni vaiſ-
» ſeau ni rameurs qui puiſſent le con-
» duire ſur la vaſte mer.

» 　　Voilà ce que m'a dit le vaillant
» Menelas, aprés quoy je ſuis parti
» de chez luy pour revenir à Itha-
» que. Je me ſuis rembarqué à Pylos,
» & les Dieux m'ont envoyé un vent
» favorable qui m'a conduit tres heu-
» reuſement.

Ces paroles toucherent Penelope & rallumerent dans ſon cœur
quelque rayon d'eſperance. Le devin Theoclymene ſe levant alors,
» & s'adreſſant à la Reyne, dit : Gran-
» de Reyne, Menelas n'eſt pas aſſez
» bien informé, eſcoutez ce que j'ay
» à vous dire. Je vais vous faire une
» prophetie que l'évenement juſti-
» fiera : Je prends à temoin Jupiter
» avant tous les Immortels, cette ta-

ble hofpitaliere qui m'a receu, & «
ce foyer facré où j'ay trouvé un «
afyle, qu'Ulyffe eft dans fa patrie, «
qu'il y eft caché, qu'il voit les in- «
dignitez qui s'y commettent, & «
qu'il fe prépare à fe venger avec «
efclat de tous les Pourfuivants. «
Voilà ce que m'a fignifié l'oyfeau «
que j'ay vû pendant que j'eftois fur «
le vaiffeau & que j'ay fait voir à «
Telemaque. «

Ah, eftranger, repartit la fage «
Penelope, que voftre prophetie «
s'accompliffe comme vous le pro- «
mettez, vous recevrez bien-toft des «
marques de ma bienveillance, & je «
vous feray des prefens fi riches, que «
tous ceux qui vous verront vous «
diront heureux. «

Pendant qu'ils s'entretenoient
ainfi, les Princes paffoient le temps
devant le Palais à joüer au difque
& à lancer le javelot dans la mefme
cour qui avoit efté fi fouvent le
theatre de leurs infolences. Mais

l'heure de difner eſtant venuë, &
les bergers ayant amené des champs
l'élite des troupeaux ſelon leur coutume, Medon s'approche d'eux ;
c'eſtoit de tous les herauts celuy qui
leur eſtoit le plus agréable, & ils
luy faiſoient l'honneur de l'admettre à leurs feſtins. Il leur parla en
» ces termes : Princes, vous vous eſ-
» tes aſſez divertis à ces ſortes de jeux
» & de combats, entrez dans le Pa-
» lais, afin que nous nous mettions à
» préparer le difner. Ce n'eſt pas une
» choſe ſi deſagréable de difner quand
» l'heure eſt venuë.

Tous les Pourſuivants obéïſſent
à cette remontrance ; ils ceſſent en
meſme temps leurs jeux, entrent
dans le Palais, quittent leurs man-
teaux & ſe mettent à égorger des
moutons, des chevres, des cochons
engraiſſez & un bœuf. Ils offrent
les prémices aux Dieux, & le reſte
eſt ſervi pour leur repas.

Cependant Ulyſſe & Eumée ſe

préparoient à prendre le chemin de
la ville. Avant que de partir, Eumée dit à Ulysse, Mon hoste, puis- «
que vous souhaitez d'aller aujour- «
d'huy à la ville, je vous y condui- «
ray, comme mon maistre me l'a «
ordonné en nous quittant. Je vou- «
drois bien vous retenir icy & vous «
donner la garde de mes estables , «
mais je respecte les ordres que j'ay «
receus ; je craindrois que Telema- «
que ne me fist des reproches, & les «
reproches des maistres sont tou- «
jours fascheux : partons donc, car «
le soleil est desja haut, & fur le soir «
le froid vous feroit plus sensible.   «

Je connois vostre honnesteté , «
répond le prudent Ulysse, & je sçay «
tout ce que vous voudriez faire «
pour moy, mais mettons-nous en «
chemin, je vous prie, soyez mon «
guide, & si vous avez icy quelque «
baston, donnez-le moy pour m'ap- «
puyer , puisque vous dites que le «
chemin est rude & difficile.   «

En difant ces mots il met fur fes efpaules fa beface toute rapiecée, qui eftoit attachée à une corde, & Eumée luy mit à la main un bafton affez fort pour le foutenir. Ils partent en cet eftat. Les bergers & les chiens demeurerent à la bergerie pour la garder. Eumée fans le fça-voir conduifoit ainfi à la ville fon maiftre & fon Roy, caché fous la figure d'un miferable mendiant & d'un vieillard qui marchoit appuyé fur fon bafton & couvert de méchants habits tout déchirez. Aprés avoir marché long-temps par des chemins tres raboteux, ils arrive-rent prés de la ville, à une fontaine qui avoit un beau baffin bien revef-tu, où les habitants alloient puifer de l'eau; c'eftoit l'ouvrage de trois freres, Ithacus, Nerite & Polyctor. Autour de cette fontaine eftoit un bois de peupliers planté en rond & arrofé de plufieurs canaux dont la fource tomboit du haut d'une ro-

che ; au deſſus de cette roche eſtoit
un autel dédié aux Nymphes ſur
lequel tous les paſſants avoient accoutumé de faire des ſacrifices &
des vœux. Ce fut-là que Melanthius, fils de Dolius, qui ſuivi de
deux bergers, menoit à la ville les
chevres les plus graſſes de tout le
troupeau pour la table des Princes,
rencontra Ulyſſe & Eumée. Il ne
les eut pas pluſtoſt apperceus qu'il
les accabla d'injures avec toute ſorte d'indignité, ce qui penſa faire
perdre patience à Ulyſſe. Les voi- «
là, s'eſcria-t-il ; un fripon mene un «
autre fripon, & chacun cherche ſon «
ſemblable. Dis-moy donc, vilain «
gardeur de cochons, où menes-tu «
cet affamé, ce gueux dont le ventre «
vuide engloutira toutes les tables, «
& qui uſera ſes eſpaules contre tous «
les chambranſles des portes dont il «
faudra l'arracher ! Voilà une belle «
figure que tu menes au Palais parmi «
nos Princes ; crois-tu qu'il rempor- «

» tera le prix dans nos jeux , & qu'on
» luy donnera de belles femmes ou
» des trepieds ; il fera trop heureux
» d'avoir quelque vieux reftes ! Tu
» ferois bien mieux de me le donner
» pour garder ma bergerie, ou pour
» nettoyer ma baffe-cour , & pour
» porter de la pafture à mes che-
» vreaux ; je le nourrirois de petit
» lait, & il auroit bien-toft un em-
» bonpoint raifonnable. Mais il eft
» accoutumé à la fainéantife, & il ai-
» me bien mieux gueufer que de tra-
» vailler. Cependant j'ay une chofe à
» te dire, & elle arrivera affeurément,
» c'eft que s'il s'avife d'entrer dans le
» Palais d'Ulyffe , il aura bien-toft
» les coftes rompuës des efcabelles
» qui voleront fur luy.

En finiffant ces mots il s'approche d'Ulyffe, & en paffant il luy
donne un grand coup de pied de
toute fa force. Ce coup, quoyque
rude, ne l'esbranfla point & ne le
pouffa pas hors du chemin ; il dé-

libera dans son cœur s'il se jetteroit
sur cet insolent & s'il l'assomme-
roit avec son baston, ou si l'élevant
en l'air il le froisseroit contre la
terre, mais il retint sa colere & prit
le parti de souffrir. Eumée tança
severement ce brutal, & levant les
mains au ciel, il fit à haute voix
cette priere aux Nymphes du lieu :
Nymphes des fontaines, filles de «
Jupiter, si jamais Ulysse a fait brus- «
ler sur vostre autel les cuisses des «
agneaux & des chevreaux, aprés les «
avoir couvertes de graisse, exaucez «
mes vœux, que ce heros revienne «
heureusement dans son Palais, & «
qu'un Dieu le conduise. S'il re- «
vient, il rabaissera bien-tost cet or- «
gueil & ces airs de Seigneur que tu «
te donnes, & l'insolence avec la- «
quelle tu nous insultes sans sujet, «
quittant ton devoir pour venir te «
promener dans la ville & fainéan- «
ter, pendant que tes méchants ber- «
gers ruinent les troupeaux de ton «
maistre. D vj

» Ho, ho, répondit Melanthius,
» que veut dire ce docteur avec ses
» belles sentences! Puisqu'il est si ha-
» bile, je l'envoyeray bien-tost sur
» un vaisseau loin d'Ithaque trafi-
» quer pour moy. Plust aux Dieux
» estre aussi seur qu'aujourd'huy mes-
» me Apollon tüera le jeune Tele-
» maque dans le Palais avec ses flé-
» ches, ou qu'il le fera tomber sous
» les coups des Poursuivants, que je
» le suis qu'Ulysse est mort & qu'il
» n'y a plus de retour pour luy.

En finissant ces mots il les quit-
te & prend les devants. Dés qu'il
fut arrivé dans la salle il s'assit à table avec les Princes vis à vis d'Eurymaque auquel il estoit particulierement attaché. Les officiers luy
servirent en mesme temps une por-
tion des viandes, & la maistresse de
l'office luy presenta le pain.

Ulysse & Eumée estant arrivez
prés du Palais, s'arresterent; leurs
oreilles furent d'abord frappées du

son d'une lyre, car le chantre Phe- «
mius avoit desja commencé à chan- «
ter. Ulysse prenant alors Eumée «
par la main, luy dit, Eumée, voilà «
donc le Palais d'Ulysse ? Il est aisé «
à reconnoistre entre tous les autres «
Palais. Il est élevé & a plusieurs «
estages ; sa cour est magnifique, «
toute ceinte d'une haute muraille, «
garnie de crenaux, ses portes sont «
fortes & solides ; elle soutiendroit «
un siege, & il ne seroit pas aisé de «
la forcer. Je voy qu'il y a un grand «
repas, car l'odeur des viandes vient «
jusqu'icy, & j'entends une lyre que «
les Dieux ont destinée à estre la «
compagne des festins. «

Vous ne vous trompez pas, re- «
prit Eumée, mais voyons un peu «
comment nous nous conduirons. «
Voulez-vous entrer le premier dans «
ce Palais & vous presenter aux «
Poursuivants, & j'attendray icy ? «
ou voulez-vous m'attendre, j'en- «
treray le premier, & vous me sui- «

» vrez bien-toſt aprés , de peur que
» quelqu'un en vous voyant ſeul de-
» hors, ne vous chaſſe , ou ne vous
» maltraite ? Voyez ce que vous ju-
» gez le plus à propos.

»   Je connois voſtre ſageſſe, repar-
» tit Ulyſſe, & je penetre vos raiſons.
» Vous n'avez qu'à entrer le premier
» & j'attendray icy ; ne vous mettez
» point en peine de ee qui pourra
» m'arriver. Je ſuis accoutumé aux
» inſultes & aux coups, & mon cou-
» rage s'eſt exercé à la patience, car
» j'ay ſouffert des maux infinis & ſur
» la terre & ſur la mer, les mauvais
» traitements que je pourray eſſuyer
» icy, ne feront qu'en augmenter le
» nombre. Ventre affamé n'a point
» d'oreilles ; la faim porte les hom-
» mes à tout faire & à tout ſouffrir.
» C'eſt elle qui met ſur pied des ar-
» mées , & qui équippe des flottes
» pour porter la guerre dans les païs
» les plus éloignez.

    Pendant qu'ils parloient ainſi,

un chien nommé *Argus*, qu'Ulysse
avoit élevé, & dont il n'avoit pû
tirer aucun service, parce qu'avant
qu'il fust assez fort pour courir, ce
Prince avoit esté obligé de partir
pour Troye, commença à lever la
teste & à dresser les oreilles. Il avoit
esté un des meilleurs chiens du pays,
& il chassoit également les lievres,
les daims, les chevres sauvages &
toutes les bestes fauves; mais alors
accablé de vieillesse & n'estant plus
sous les yeux de son maistre, il estoit abandonné sur un tas de fumier
qu'on avoit mis devant la porte, en
attendant que les laboureurs d'U-
lysse vinssent l'enlever pour fumer
des terres. Ce chien estoit donc
couché sur ce fumier & tout couvert d'ordure; dés qu'il sentit U-
lysse s'approcher, il le caressa de sa
queüe & baissa les oreilles, mais il
n'eut pas la force de se lever pour
se traisner jusqu'à ses pieds. Ulysse,
qui le reconnut d'abord, versa des

88   L'ODYSSÉE

larmes, qu'il essuya promptement,
de peur qu'Eumée ne les apper-
ceust, & adressant la parole à ce fi-
» delle berger, Eumée, luy dit-il, je
» m'estonne qu'on laisse ce chien sur
» ce fumier; il est parfaitement beau,
» mais je ne sçay si sa legereté & sa
» vitesse répondoient à sa beauté, ou
» s'il estoit comme ces chiens inutiles
» qui ne font bons qu'autour des ta-
» bles, & que les Princes nourrissent
» par vanité.

» Ce chien, reprit Eumée, appar-
» tenoit à un maistre qui est mort
» loin d'icy. Si vous l'aviez vû dans
» sa beauté & dans sa vigueur, tel
» qu'il estoit après le départ d'Ulysse,
» vous auriez bien admiré sa vitesse &
» sa force. Il n'y avoit point de beste
» qu'il n'attaquast dans le fort des fo-
» rests dés qu'il l'avoit apperceüe, ou
» qu'il avoit relevé les voyes. Presen-
» tement il est accablé sous le poids
» des années & entierement abandon-
» né, car son maistre, qui l'aimoit, est

mort loin de sa patrie, comme je «
vous l'ay dit , & les femmes de ce «
Palais , negligentes & pareffeufes «
ne fe donnent pas la peine de le «
foigner, & le laiffent perir. C'eft la «
coutume des domeftiques, dés que «
leurs maiftres font abfents ou foi- «
bles & fans autorité, ils fe relafchent «
& ne penfent plus à faire leur de- «
voir, car Jupiter ofte à un homme «
la moitié de fa vertu, dés le premier «
jour qu'il le rend efclave. «

Ayant ceffé de parler il entre
dans le Palais & s'en va tout droit
à la falle où eftoient les Pourfuivants. Dans le moment le chien
d'Ulyffe accomplit fa deftinée, &
mourut de joye d'avoir reveu fon
maiftre vingt ans aprés fon départ.

Telemaque fut le premier qui
apperceut Eumée comme il entroit
dans la falle ; il luy fit figne de s'approcher. Eumée regarde de tous
coftez pour chercher un fiege, &
voyant celuy de l'officier qui eftoit

occupé à couper les viandes pour
faire les portions, il le prit, le porta
prés de la table où eſtoit Telemaque & s'aſſit vis à vis. Le heraut
luy fait en meſme temps une por-
tion & luy preſente la corbeille où
eſtoit le pain.

Ulyſſe entre bien-toſt aprés luy
ſous la figure d'un mendiant &
d'un vieillard fort caſſé, appuyé
ſur ſon baſton & couvert de méchants haillons. Il s'aſſit hors de la
porte ſur le ſeüil qui eſtoit de freſ-
ne, & s'appuya contre le cham-
branſle qui eſtoit de cyprés & fort
bien travaillé. Telemaque appelle
Eumée, & prenant un pain dans la
corbeille & de la viande autant que
ſes deux mains en pouvoient tenir,
» Tenez Eumée, luy dit-il, portez
» cela à cet eſtranger, & dites-luy
» qu'il aille demander à tous les Pour-
» ſuivants. La honte eſt nuiſible à
» tout homme qui eſt dans le beſoin.

Eumée s'approche en meſme

temps d'Ulysse, & luy dit, Estran- «
ger, Telemaque vous envoye un «
pain & cette viande, il vous ex- «
horte à aller demander à tous les «
Poursuivants, & il m'a ordonné de «
vous dire que les conseils de la hon- «
te sont pernicieux à ceux qui se «
trouvent dans la necessité. «

Le prudent Ulysse ne luy répondit que par des vœux : Grand «
Jupiter, s'escrie-t-il, que Telema- «
que soit le plus heureux des hom- «
mes, & que tout ce qu'il aura le «
courage d'entreprendre réüssisse se- «
lon ses desirs ! En disant ces mots «
il reccut dans ses mains ce que son
fils luy envoyoit, le mit à ses pieds
sur sa besace qui luy servoit de table, & se mit à manger. Il mangea
pendant que le chantre Phemius
chanta & joüa de la lyre. Son repas
fut fini quand le chantre eut achevé
de chanter. Les Poursuivants s'estant levez , Minerve s'approcha
d'Ulysse & le poussa à aller leur

demander à tous la charité, afin qu'il puſt juger par-là de leur caractere, & connoiſtre ceux qui avoient de l'humanité & de la juſtice, & ceux qui n'en avoient point, quoy qu'il fuſt reſolu qu'il n'en ſauveroit aucun. Il alla donc aux uns & aux autres, mais avec un air ſi naturel, qu'on euſt dit qu'il n'avoit fait d'autre meſtier toute ſa vie. Les Pourſuivants touchez de pitié luy donnerent tous, & le regardant avec eſtonnement, ils ſe demandoient les uns aux autres qui il eſtoit & d'où il venoit.

Melanthius, qui les vit dans cette peine, leur dit, Pourſuivants de » la plus celebre des Reynes, tout ce » que je puis vous dire ſur cet eſtran- » ger, car je l'ay desja vû ce matin, » c'eſt que c'eſtoit Eumée luy-meſme » qui le conduiſoit, mais je ne ſçay » certainement ni qui il eſt, ni d'où » il eſt.

Antinoüs l'ayant entendu, ſe mit

à gronder fortement Eumée; Vi- «
lain gardeur de cochons, luy dit-il, «
& que tout le monde prendra tou- «
jours pour tel, pourquoy nous as- «
tu amené ce gueux? n'avons-nous «
pas icy affez de vagabonds & affez «
de pauvres pour affamer nos tables! «
Te plains-tu qu'il n'y en ait pas «
desja affez pour manger le bien de «
ton maiftre, & falloit-il que tu «
nous amenaffes encore celuy-là! «

Eumée, piqué de ce reproche,
luy dit: Antinoüs, vous parlez fort «
mal pour un homme d'efprit. Qui «
eft-ce qui s'eft jamais avifé d'appel- «
ler des gueux chez foy? On y ap- «
pelle les artifans dont on a befoin, «
un devin, un medecin, un menui- «
fier, un chantre divin qui fait un «
grand plaifir par fes chants. Voilà «
les gens qu'on appelle chez foy, & «
vous ne trouverez perfonne qui «
faffe venir des gueux qui ne peu- «
vent qu'eftre à charge & qui ne font «
bons à rien. Mais de tous les Pour- «

» fuivants vous eftes celuy qui aimez
» le plus à faire de la peine aux do-
» meftiques d'Ulyffe, & fur-tout à
» m'en faire à moy. Je ne m'en fou-
» cie point pendant que la fage Pe-
» nelope & fon fils Telemaque feront
» vivants.

»   Taifez-vous, Eumée, repartit
» Telemaque en l'interrompant, &
» ne vous amufez point à luy répon-
» dre ; Antinoüs eft accoutumé à
» chagriner tout le monde par fes dif-
» cours piquants, & il excite les au-
» tres. Et fe tournant du cofté de cet
» emporté, il luy dit : Antinoüs, il
» faut avoüer qu'un pere n'a pas plus
» de foin de fon fils que vous en avez
» de moy, car par vos paroles tres
» dures vous avez penfé obliger ce
» pauvre eftranger à fortir de mon
» Palais. Que Jupiter qui préfide à
» l'hofpitalité veüille empefcher ce
» malheur ; donnez-luy pluftoft, je
» ne vous en empefche point, au con-
» traire je vous en donne la permif-

fion & je vous en prie mesme; n'ay- «
iez sur cela aucuns égards ni pour «
ma mere ni pour les domestiques «
d'Ulysse. Mais il est aisé de voir «
que ce n'est pas-là ce qui vous re- «
tient, vous aimez mieux garder «
tout pour vous, que de donner «
quelque chose aux autres. «

Quel reproche venez-vous de «
me faire, audacieux Telemaque, «
répondit Antinoüs; je vous asseure «
que si tous les Poursuivants don- «
noient à ce gueux autant que moy, «
il n'auroit pas besoin de grand cho- «
se, & seroit plus de trois mois sans «
rentrer dans cette maison. «

En achevant ces mots il tira de
dessous la table le marchepied dont
il se servoit pendant le repas. Tous
les autres Princes donnerent liberalement à Ulysse & emplirent sa
besace de pain & de viande, de maniere qu'il avoit de quoy s'en retourner sur le seüil de la porte &
faire bonne chere. Mais il s'appro-

» cha d'Antinoüs, & luy dit : Mon
» ami, donnez-moy auſſi quelque
» choſe ; à voſtre mine il eſt aiſé de
» voir que vous tenez un des pre-
» miers rangs parmi les Grecs, car
» vous reſſemblez à un Roy, c'eſt
» pourquoy il faut que vous ſoyez
» encore plus liberal que les autres.
» Je celebreray par toute la terre
» voſtre generoſité. J'ay auſſi eſté
» heureux autrefois ; j'habitois une
» maiſon opulente, & je donnois
» l'aumoſne ſans diſtinction à tous
» les pauvres qui ſe preſentoient. J'a-
» vois une foule d'eſclaves, & rien ne
» me manquoit chez moy de tout ce
» qui ſert à la commodité de la vie,
» & que les grandes richeſſes peuvent
» ſeules donner ; mais le fils de Sa-
» turne me précipita bien-toſt de cet
» eſtat ſi floriſſant : tel fut ſon bon
» plaiſir. Il me fit entreprendre un
» long voyage avec des corſaires qui
» courent les mers, afin que je periſſe.
» J'allay donc au fleuve Ægyptus ;

dés

dés que j'y fus entré, j'envoyay «
une partie de mes compagnons re- «
connoiſtre le pays. Ces infenſez ſe «
laiſſant emporter à leur ferocité & «
à leur courage, ſe mirent à ravager «
les terres fertiles des Egyptiens, à «
emmener leurs enfants & leurs fem- «
mes, & à paſſer au fil de l'eſpée tous «
ceux qui leur reſiſtoient. Le bruit «
& les clameurs, qu'excita un tel de- «
ſordre, retentirent bientoſt juſques «
dans la ville ; tous les habitants, «
attirez par ce bruit, ſortirent à la «
pointe du jour. Dans un moment «
toute la plaine fut couverte d'in- «
fanterie & de cavalerie, & parut «
toute en feu par l'eſclat des armes «
qui brilloient de toutes parts. Dés «
le premier choc le maiſtre du ton- «
nerre ſouffla la terreur dans le cœur «
de mes compagnons, ils prirent «
tous la fuite, il n'y en euſt pas un «
qui oſaſt faire ferme, & nous fuſ- «
mes enveloppez de tous coſtez. Les «
Egyptiens tüerent la meilleure par- «

» tie de mes compagnons, & emme-
» nerent les autres prifonniers pour
» les réduire à une cruelle fervitude.
» Je fus du nombre de ces derniers.
» Ils me vendirent à un eftranger qui
» paffoit, & qui me mena à Cypre,
» où il me vendit à Dmetor fils de
» Jafus qui regnoit dans cette ifle.
» De-là je fuis venu icy aprés bien
» des traverfes & des avantures qui fe-
» roient trop longues à vous conter.

» Alors Antinoüs s'efcria : Quel
» Dieu ennemi nous a amené icy ce
» fleau, cette pefte des tables ! Eloi-
» gne-toy de moy, de peur que je ne
» te faffe revoir cette trifte terre d'E-
» gypte ou Cypre. Il n'y a point de
» gueux plus importun ni plus im-
» pudent ; va, adreffe-toy à tous ces
» Princes, ils te donneront fans me-
» fure, car ils font volontiers largeffe
» du bien d'autruy.

» Ulyffe s'éloignant, luy dit : An-
» tinoüs, vous eftes beau & bien fait,
» mais le bon fens n'accompagne pas

cette bonne mine. On voit bien «
que chez vous vous ne donneriez «
pas un grain de sel à un mendiant «
qui seroit à vostre porte, puisque «
vous n'avez pas mesme le courage «
de me donner une petite partie d'un «
superflu qui n'est point à vous. «

Cette réponse ne fit qu'irriter
davantage Antinoüs, qui le regardant de travers, Je ne pense pas, «
luy dit-il, qne tu t'en retournes en «
bon estat de ce Palais, puisque tu «
as l'insolence de me dire des inju- «
res. En mesme temps il prit son «
marchepied, le luy jetta de toute
sa force & l'atteignit au haut de
l'espaule. Le coup, quoyque rude,
ne l'esbransla point; Ulysse demeura ferme sur ses pieds comme une
roche, il bransla seulement la teste
sans dire une parole, & pensant
profondément aux moyens de se
venger. Plein de cette pensée, il
retourne au seüil de sa porte, &
mettant à terre sa besace pleine, il

» dit : Poursuivants de la plus cele-
» bre des Reynes, escoutez, je vous
» prie, ce que j'ay à vous dire. On
» n'est point surpris qu'un homme
» soit blessé quand il combat pour
» deffendre son bien, ou pour sauver
» ses troupeaux qu'on veut luy en-
» lever ; mais qu'il le soit quand il
» ne fait que demander son pain &
» chercher à appaiser une faim im-
» perieuse qui cause aux hommes des
» maux infinis, voilà ce qui doit pa-
» roistre estrange, & c'est en cet estat
» qu'Antinoüs m'a blessé. S'il y a
» des Dieux protecteurs des pauvres,
» s'il y a des Furies vengeresses, puis-
» se Antinoüs tomber dans les liens
» de la mort, avant qu'un mariage le
» mette en estat d'avoir des fils qui
» luy ressemblent.

    Antinoüs luy répondit : Estran-
» ger, qu'on ne t'entende pas davan-
» tage ; mange tes provisions en re-
» pos sous cette porte, ou retire-toy
» ailleurs, de peur que ton insolence

ne t'attire nos domeſtiques, qui te «
traiſneront par les pieds & te met- «
tront en pieces. «

Tous les Pourſuivants furent ir-
ritez des violences & des emporte-
ments d'Antinoüs , & quelqu'un
d'entre eux luy dit : Vous avez fort «
mal fait , Antinoüs , de ſrapper ce «
pauvre qui vous demandoit l'au- «
moſne. Que deviendrez-vous, mal- «
heureux, ſi c'eſt quelqu'un des Im- «
mortels ! Car ſouvent les Dieux , «
qui ſe reveſtent comme il leur «
plaiſt de toutes ſortes de formes , «
prennent la figure d'eſtrangers, & «
vont en cet eſtat dans les villes pour «
eſtre temoins des violences qu'on «
y commet & de la juſtice qu'on y «
obſerve. «

Ainſi parlerent les Pourſuivants,
mais il ne ſe mit point en peine de
leurs diſcours. Telemaque ſentit
dans ſon cœur une douleur extreſ-
me de voir Ulyſſe ſi maltraité , il
n'en verſa pourtant pas une larme,

E iij

il branfla feulement la tefte fans
dire une feule parole, & fe prépara
à le venger avec efclat.

Mais quand on eut rapporté à
la fage Penelope que ce pauvre a-
voit efté bleffé, elle dit à fes fem-
» mes, Qu'Apollon puniffe cet im-
» pie & qu'il lance fur luy fes traits.

Eurynome, qui eftoit l'intendante
» de fa maifon, répondit, Si Dieu
» vouloit exaucer nos imprécations,
» aucun de ces Princes ne verroit le
» retour de l'aurore.

» Ma chere Eurynome, repartit
» la Reyne, tous ces Princes me font
» odieux, car ils font infolents, in-
» juftes & pleins de mauvais deffeins.
» Mais le plus odieux de tous, c'eft
» Antinoüs, je le hais comme la
» mort. Un eftranger réduit par la
» neceffité à l'eftat de mendiant, eft
» venu aujourd'huy dans le Palais
» leur demander la charité, ils luy
» ont tous donné liberalement ; le
» feul Antinoüs luy a jetté fon mar-

chepied & l'a bleſſé à l'eſpaule.   «

Ainſi parloit Penelope dans ſon
appartement au milieu de ſes femmes, pendant qu'Ulyſſe aſſis ſur le
ſeüil de la porte, achevoit ſon ſouper. Cette Princeſſe ayant fait ap-
peller Eumée, elle luy dit, Eumée, «
allez vous-en trouver l'eſtranger «
qui eſt à la porte du Palais, & fai- «
tes-le monter dans mon apparte- «
ment, afin que je luy parle & que «
je ſçache s'il n'a point entendu par- «
ler d'Ulyſſe, ou meſme s'il ne l'au- «
roit point vû, car il paroiſt que ſes «
malheurs l'ont promené en diver- «
ſes contrées.   «

Grande Reyne, répondit Eu- «
mée, je ſouhaite que les Princes luy «
donnent le temps de vous entrete- «
nir, je puis vous aſſeurer que voſ- «
tre cœur ſera émeu des choſes qu'il «
vous racontera. Je l'ay gardé trois «
jours & trois nuits dans ma mai- «
ſon, car aprés qu'il ſe fut ſauvé de «
ſon vaiſſeau, je fus le premier à qui «

» il s'adreſſa & qui le receus, & ces
» trois jours-là ne luy ſuffirent pas
» pour me raconter ſes triſtes avan-
» tures. Comme quand un chantre
» celebre, que les Dieux eux-meſmes
» ont inſtruit, ſe met à chanter, on
» eſcoute avidement ſes chants di-
» vins qui font un merveilleux plai-
» ſir , & l'on eſt toujours dans la
» crainte qu'il ne finiſſe , j'eſcoutois
» avec la meſme attention & le meſ-
» me plaiſir le recit que cet eſtranger
» me faiſoit des malheurs de ſa vie. Il
» m'a appris que de pere en fils il eſt
» lié avec Ulyſſe par les liens de l'hoſ-
» pitalité ; qu'il demeure à Crete où
» le ſage Minos eſt né, & que de-là,
» aprés avoir ſouffert des maux infi-
» nis & eſſuyé de grandes traverſes ,
» il eſt venu icy ſe rendre voſtre ſup-
» pliant. Il aſſeure qu'il a oüi dire
» qu'Ulyſſe eſt plein de vie prés des
» terres des Theſprotiens, & qu'il a-
» mene chez luy de grandes richeſſes.
»   Faites-le donc venir prompte-

ment, luy dit la sage Penelope, «
afin qu'il me raconte tout cela luy- «
mesme. Que les Princes se diver- «
tissent à la porte du Palais ou dans «
la salle, puisqu'ils ont le cœur en «
joye, car leurs maisons ne sont ni «
saccagées ni pillées, & leurs biens «
sont espargnez & ne servent qu'à «
l'entretien de leurs familles, au lieu «
que la maison & les biens d'Ulysse «
sont abandonnez au pillage de tous «
ces estrangers qui immolent tous «
les jours ses bœufs, ses brebis, ses «
chevres, passent leur vie en festins, «
& font un dégast horrible qui con- «
sume, qui devore tout. Car il n'y a «
point icy d'homme tel qu'Ulysse «
pour éloigner ce fleau de sa maison. «
Ah, si mon cher Ulysse revenoit, «
aydé de son fils, il seroit bien-tost «
vengé de l'insolence de ces Princes! «

Elle parla ainsi, & Telemaque
esternua si fort, que tout le Palais
en retentit ; la Reyne en marqua sa
joye : Allez donc Eumée, dit-elle, «

» faites-moy venir cet estranger, n'en-
» tendez-vous pas que mon fils a es-
» ternué sur ce que j'ay dit ; ce signe
» ne sera pas vain ; la mort menace
» sans doute la teste des Poursuivants,
» & pas un d'eux ne l'évitera. Vous
» pouvez dire de ma part à cet estran-
» ger que s'il me dit la verité, je luy
» donneray de fort bons habits.

    Eumée part en mesme temps
    pour executer cet ordre, & s'ap-
» prochant de l'estranger, Mon bon-
» homme, luy dit-il, la Reyne Pene-
» lope vous mande de l'aller trouver ;
» l'affliction où elle est de l'absence
» de son mary, la presse de vous par-
» ler pour vous en demander des
» nouvelles, & elle m'a ordonné de
» vous dire que si elle trouve que
» vous luy ayez dit la verité, elle vous
» donnera des habits dont vous avez
» grand besoin, & vous pourrez de-
» mander librement dans Ithaque, &
» recevoir la charité de ceux qui vou-
» dront vous donner.

Certainement, Eumée, repartit «
le patient Ulysse, je diray la verité «
à la Reyne, car je sçay des nouvel- «
les seures de son mary, nous som- «
mes luy & moy dans la mesme in- «
fortune. Mais je crains tous ces fiers «
Poursuivants, dont la violence & «
l'insolence n'ont point de bornes & «
montent jusqu'aux cieux ; car tout «
à l'heure quand cet homme fou- «
gueux m'a jetté son marchepied & «
m'a blessé à l'espaule comme je mar- «
chois dans la salle, sans faire la moin- «
dre chose qui pust m'attirer ce mau- «
vais traitement, Telemaque ni au- «
cun de la maison ne se sont presen- «
tez pour me deffendre. C'est pour- «
quoy, Eumée, quelque impatience «
que la Reyne puisse avoir, obligez «
la d'attendre que le soleil soit cou- «
ché, alors elle aura le temps de me «
faire toutes ses questions sur le re- «
tour de son mary, aprés m'avoir «
fait approcher du feu, car j'ay des «
habits qui me deffendent mal con- «

» tre le froid. Vous le fçavez bien
» vous-mefme, puifque vous eftes le
» premier dont je me fuis rendu le
» fuppliant.

Eumée le quitta pour aller rendre réponfe à la Reyne. Comme il
entroit dans fa chambre, elle luy
» dit, Vous ne m'amenez donc pas
» cet eftranger! Refufe-t-il de venir,
» parce qu'il craint quelque nouvelle
» infulte! Ou a-t'-il honte de fe pre-
» fenter devant moy? Un mendiant
» honteux fait mal fes affaires.

» Grande Reyne, répondit Eu-
» mée, ce mendiant penfe fort bien,
» & il dit ce que tout autre à fa place
» diroit comme luy; il ne veut pas
» s'expofer à l'infolence des Pourfui-
» vants, & il vous prie d'attendre que
» la nuit foit venuë; il eft mefme
» beaucoup mieux que vous preniez
» ce temps-là, pour pouvoir l'entre-
» tenir à loifir & fans témoins.

» Cet eftranger, quel qu'il puiffe
» eftre, me paroift un homme de bon

fens, reprit Penelope, car il eft cer- «
tain que dans tout le monde on «
ne trouveroit point un affemblage «
d'hommes auffi infolents, auffi in- «
juftes & auffi capables de faire une «
mauvaife action. «

Quand elle eut ainfi parlé, Eumée s'en retourna dans la falle où
eftoient les Princes, & s'approchant de Telemaque, il luy dit à
l'oreille pour n'eftre pas entendu
des autres, Telemaque, je m'en re- «
tourne à mes troupeaux pour con- «
ferver voftre bien, que je garde «
comme le mien propre. De voftre «
cofté ayez foin de tout ce qui vous «
regarde icy. Sur-tout confervez- «
vous, & prenez toutes fortes de «
précautions pour vous mettre à «
couvert des maux dont vous eftes «
menacé, car vous eftes au milieu de «
vos ennemis. Que Jupiter les ex- «
termine avant qu'ils puiffent nous «
faire le moindre mal! «

Je fuivray vos confeils, mon «

» cher Eumée, luy répond le prudent
» Telemaque, allez, mais ne partez
» pas fans avoir mangé : demain ma-
» tin vous nous amenerez des victi-
» mes que vous aurez choifies, j'au-
» ray foin icy de tout, & j'efpere que
» les Dieux ne m'abonneront pas.

Eumée luy obéït & fe mit à table, & aprés avoir fait fon repas, il
s'en retourna à fes troupeaux , &
laiffa le Palais plein de gens qui ne
penfoient qu'à la bonne chere, à
la danfe & à la mufique, car le jour
eftoit desja bien avancé.

REMARQUES

SUR

L'ODYSSE'E D'HOMERE.

LIVRE XVII.

Page 66. *JE m'en vais à la ville, afin que ma mere ait la confolation de me voir]* Homere a foin de faire toujours paroiftre dans Telemaque les fentiments d'un bon fils, qui a pour fa mere le refpect & la tendreffe que la nature demande. Mais icy ce n'eft pas la feule raifon qui fait partir Telemaque, la politique y a fa part. Le temps preffe, il a pris des mefures avec fon pere, il faut aller fe mettre en eftat de les executer.

Le feul ordre que je vous donne en partant, c'eft de mener voftre hofte à la ville] Telemaque connoift la bonté & la generofité d'Eumée, & il fçait bien qu'il luy faut un ordre pour l'obliger à fe défaire de fon hofte & à le mener à la ville pour l'y laiffer mendier, car fans cet ordre il auroit voulu le retenir.

Page 67. *Car pour moy les chagrins dont je fuis accablé, & le malheureux eftat où je*

me trouve, ne me permettent pas de me char-
ger de tous les estrangers] Cette déclaration
paroistroit fort dure si Telemaque la faisoit
avant que d'avoir reconnu son pere, car il n'y
auroit point d'estat qui pust justifier une pa-
reille dureté à l'égard d'un hoste, d'un estranger. Mais aprés la reconnoissance faite,
il n'y a plus rien-là qui blesse, parce que le
Lecteur instruit connoist les raisons qui
obligent Telemaque à en user ainsi. Il sçait
qu'il faut absolument qu'Ulysse paroisse dans
Ithaque comme un veritable mendiant sans
autre support, sans autre secours que celuy
que sa misere pourra luy procurer.

Si vostre hoste est fasché, son mal luy pa-
roistra encore plus insuportable] Car la fas-
cherie ne fait qu'adjouter un nouveau poids
à l'adversité.

J'aime à dire toujours la verité] C'est à
dire, je ne suis point homme à déguiser mes
sentiments & à amuser un hoste avec de
belles paroles, je dis ce que je puis faire, &
rien de plus.

Mon Prince, je ne souhaite nullement
d'estre retenu icy] Ulysse n'a garde de ne
pas consentir à l'ordre que Telemaque vient
de donner, il fournit mesme de nouvelles
raisons qui le demandent.

Dés que je me seray un peu chauffé, &
que le temps sera adouci vers le haut du jour]
Homere remet devant les yeux le temps de

l'arrivée d'Ulysse à Ithaque, c'est vers la fin de l'automne, car alors les nuits & les matinées sont froides, & le temps ne s'adoucit que vers le haut du jour.

Page 68. *Euryclée sa nourrice qui estendoit des peaux sur les sieges*] Car tous les soirs on ostoit ces peaux, on les plioit, & le lendemain dés le matin on les remettoit, afin que tout fust propre & en estat quand les Poursuivants viendroient dans la salle.

Elle ressembloit parfaitement à Diane & à la belle Venus] Il ne dit pas, *qu'elle ressembloit à Diane ou à Venus*, mais *à Diane & à Venus*. Elle ressembloit à Venus par sa beauté, & à Diane par sa sagesse, sa chasteté & sa modestie qui paroissoient dans son port & dans l'air de toute sa personne.

Page 69. *Purifiez-vous dans un bain, & aprés avoir pris vos habits les plus propres*] On voit toujours dans Homere qu'on ne se presentoit point devant les Dieux pour leur adresser des prieres, qu'aprés s'estre purifié & avoir pris ses habits les plus propres qu'on eust, pour ne paroistre devant eux que dans un estat décent & dans la pureté qu'ils demandent.

Je m'en vais à la place pour faire venir un estranger] Aprés que Telemaque a vû sa mere, & qu'il l'a tirée de la peine où elle estoit, son premier soin est de courir à l'estranger qu'il avoit receu dans son vaisseau & qu'il

avoit confié à fon ami Pirée. Ce qu'il donne
icy à l'hofpitalité fait bien voir que quand il
a parlé fi durement à l'hofte d'Eumée, qui
eftoit devenu le fien, il a eu de bonnes raifons.

Page 70. *Ce difcours de Telemaque fit
impreffion fur l'efprit de Penelope*] Il y a
dans le Grec,

..... Τῇ δ' ἄπτερος ἔπλετο μῦθος.

Mot à mot : *Ce difcours fut fans aifles pour
Penelope*, c'eft à dire, qu'il ne s'envola point
& qu'il demeura gravé dans fon efprit, &,
comme nous difons, qu'il ne tomba point à
terre. Je ne fçay pas à quoy a penfé Hefychius, quand il a efcrit que dans ce paffage
ἄπτερος fignifie *fubit, prompt, leger*, ἄπτερος,
αἰφρίδιος Ὁμήρῳ ὁ προςηνὴς ἢ ταχυς. Αἰσ-
χύλος Αγαμέμνονι, αἰφρίδιον. Il eft vray qu'-
Efchyle a employé ce mot dans fon *Agamemnon*, vers 284. Le chœur demande à
Clytemneftre,

Ἀλλ' ἦ σ' ἐπίανέν τις ἄπτερος φάτις ;
*Quelque bruit qui ait fait impreffion fur voftre
efprit, vous a-t'-il flattée de cette douce efperance !* Mais dans ce mefme paffage ce
mot eft pris dans le mefme fens que dans cet
endroit d'Homere, pour un bruit qu'on ramaffe avec foin, qui fait impreffion fur l'efprit, qui y demeure, qui n'eft pas un bruit
vain & qui fe diffipe bien vifte. Euftathe l'a
fort bien expliqué, ἄπτερος δὲ ὁ παρχίμονος

καὶ μὴ πλερόεις κατὰ τὸ κοινὸν τῶ λογου ἐπί-
θετον. *Homere appelle* ἄπλερος μῦθος, *un difcours qui demeure, qui n'eſt point aiſlé, ſelon l'épithete qu'on donne ordinairement au
diſcours.*

*Une pique à la main & ſuivi de deux
grands chiens*] Comme nous l'avons vû au
commencement du 11. Liv. On peut voir
là les Remarques.

*Minerve luy donna une grace toute divi-
ne*] J'ay aſſez parlé ailleurs de cette idée des
Payens, que les Dieux augmentoient la
beauté, la bonne mine de quelqu'un quand
ils le jugeoient à propos.

Page 71. *Telemaque ſe retira de cette
foule*] Il ne fait pas grand cas de ces fauſſes
démonſtrations, & ſans y répondre il a le
courage de ſe démeſler de cette foule pour
aller joindre ſes amis dont il connoiſſoit l'af-
fection & la fidelité.

*Ordonnez tout à l'heure à des femmes de
voſtre Palais*] Telemaque n'avoit plus que
quelques femmes de ſa mere qui luy fuſſent
fidelles, les Pourſuivants avoient ou corrompu ou éloigné tous les autres domeſtiques.

Page 72. *De me tuer en traiſtres dans
mon Palais*] Quoyque Telemaque ſoit ſeul
& abandonné preſque de tout le monde, &
que les Pourſuivants rempliſſent ſon Palais,
il a pourtant l'audace de faire entendre que
les Pourſuivants ne le tüeront point, à moins

qu'ils ne le tüent en traîtres. Voilà une confiance noble que luy inspirent son courage, la presence de son pere & ses exhortations, & plus encore le secours de Minerve.

Que la maîstresse de l'office couvrit de toutes sortes de mets qu'elle avoit en reserve] On peut voir ce qui a esté remarqué sur un passage semblable dans le premier Livre, p. 84. Ce repas de Telemaque & de Theoclymene n'est que de viandes froides de l'office, & il n'est pas question icy de viandes chaudes ni de cuisinier, parce que l'heure du disner n'est pas encore venuë, & que les provisions qu'on envoyoit tous les matins de la campagne n'estoient pas encore arrivées, ou qu'on les aprestoit pour les Poursuivants. Ce n'est pas proprement icy le disner de Telemaque, car nous le verrons disner tout à l'heure dans ce mesme Livre. Icy il ne se met à table que pour faire disner son hoste Theoclymene, qu'il ne vouloit pas exposer parmi les Poursuivants.

Page 73. *Je vais donc remonter dans mon appartement, & je me coucheray ce soir dans cette triste couche*] C'est un reproche bien touchant que Penelope fait à Telemaque de ce qu'il n'a pas encore daigné luy apprendre ce qu'il a pû découvrir du retour d'Ulysse, pour la tirer du triste estat où elle se trouve, & pour luy faire passer quelques nuits moins fascheuses que celles qu'elle passe depuis le

départ de ce cher mary. Elle remonte dans
fon appartement, & elle parle de fon coucher, parce qu'elle n'affifte pas au difner des
Pourfuivants, & qu'elle ne paroiftra plus de
toute la journée.

*Nous arrivafmes à Pylos chez le Roy
Neftor*] Homere donne icy un modelle parfait de la maniere dont on peut redire en
abregé ce que l'on a desja expliqué ailleurs
plus amplement. Telemaque réduit en trente huit vers ce qui eft eftendu dans le troi-
fiéme, le quatriéme & le cinquiéme Livre ; il
choifit avec beaucoup d'art ce qui peut faire
le plus de plaifir à Penelope, & fupprime ce
qui pourroit luy caufer quelque chagrin.

Page 74. *Là j'ay vû Helene pour laquelle
les Grecs & les Troyens ont livré par la volonté des Dieux tant de combats*] Telemaque temoigne icy fa reconnoiffance de la maniere gracieufe dont cette Princeffe l'a receu, car il ne parle d'elle que pour l'excufer,
en attribuant les maux, qu'elle avoit cau-
fez, à la feule volonté des Dieux qui fe fer-
virent d'elle pour punir ces peuples, & cette
juftification fied bien dans la bouche de ce
jeune Prince, aprés que fon pere s'eft fait
connoiftre, car auparavant il n'y auroit pas
eu de bienféance. Il faut remarquer qu'il ne
dit pas un mot de la beauté d'Helene, car
il parle à fa mere, & la fageffe ne permet
pas qu'il faffe paroiftre devant elle que fa

beauté a attiré fon attention.

Grands Dieux, s'efcria-t'-il, ces lafches aſpirent donc à la couche de cet homme ſi vaillant & ſi renommé] Voicy dix-huit vers qui font repetez & qu'on a vûs dans le IV. Liv. Telemaque n'avoit garde de les oublier, car ils devoient faire un grand plaifir à Penelope; premierement, ils luy apprennent qu'Ulyſſe n'eſt pas mort, & qu'il n'eſt que retenu dans l'iſle de la Nymphe Calypſo, & cela malgré luy & avec une vive douleur; fecondement, ils renferment une prophetie qui donne un rayon d'efperance à cette Princeſſe, & enfin ils contiennent fon éloge, de ce qu'elle a refiſté aux pourfuites de ces lafches, fi indignes de fucceder à un Prince comme Ulyſſe, d'une fi grande réputation.

Page 76. *Menelas n'eſt pas aſſez bien informé*] Menelas a pourtant prophetifé qu'Ulyſſe de retour dans fon Palais mettra tous les Pourfuivants à mort. Mais cette grande promeſſe peut pluſtoſt paſſer pour un fouhait, que pour une prophetie, car il n'a parlé que par un tranfport d'imagination, & fes paroles n'ont eſté fondées fur aucun figne viſible que les Dieux luy euſſent envoyé, au lieu que ce que ce Devin prédit icy a pour garent Apollon luy-mefme, qui a envoyé cet oyfeau d'où il a tiré cet augure.

Page 77. *Voilà ce que m'a ſignifié l'oy-*

seau que j'ay vû pendant que j'estois sur le vaisseau, & que j'ay fait voir à Telemaque] A la fin du xv. Livre.

Que vostre prophetie s'accomplisse comme vous le promettez] Ce sont les mesmes termes dont Telemaque s'est desja servi à la fin du x v. Liv. en parlant à ce mesme devin, ainsi sans le sçavoir la Reyne confirme les promesses de son fils.

Les Princes passoient le temps devant le Palais à joüer au disque & à lancer le javelot] Nous voyons icy, & nous l'avons desja vû ailleurs, que ces Poursuivants, quoyque fort débauchez & dans la molesse, ne laissent pas d'avoir des divertissements serieux & honnestes. *Les Anciens*, dit Eustathe, *nous arrestent icy, pour nous faire remarquer que ces jeunes Princes, quoyque tres intemperants, s'exercent à des jeux athletiques qui forment le corps, cherchant dans les divertissements mesmes ce qui est honneste & necessaire, & par-là ils nous enseignent que l'homme ne doit jamais se donner aucun relasche, & que jusques dans ses plaisirs il doit s'exercer & se préparer à ce qu'il y a de plus utile & de plus serieux.*

Page 78. *Medon s'approche d'eux ; c'estoit de tous les herauts celuy qui leur estoit le plus agréable*] Ce Medon estoit un homme de bonne humeur, complaisant, insinuant, flateur, & qui entrant dans tous les gousts de ces jeunes Princes, en ce qu'ils avoient de moins criminel, avoit gagné leur confiance dont il se servoit pour le bien de Telemaque, car il rapportoit à Penelope tous les complots qu'ils faisoient contre luy. Ces caracteres sont souvent plus utiles que des caracteres plus serieux & plus ouvertement déclarez contre l'injustice & contre le vice. Le discours que ce Medon fait icy aux Poursuivants est un de ces discours plaisants qui réüssissent toujours mieux auprés des débauchez qu'un discours plus serieux & plus sage ; il commence par une flaterie & finit par un apophtegme qui ne leur est pas indifferent.

Page 79. *Je voudrois bien vous retenir icy, & vous donner la garde de mes estables*] Ces traits sont d'un grand agrément, car le Lecteur instruit prend un grand plaisir à voir le pasteur trompé vouloir offrir à son maistre, à son Roy, la garde de ses estables comme une grande fortune.

Et les reproches des maistres sont toujours fascheux] C'est ce que doit penser tout serviteur fidelle. Homere est tout plein de ces préceptes indirects.

Car le soleil est desja haut] C'est à dire, qu'il est environ neuf ou dix heures, car il faut mesurer le temps selon les occasions dont on parle, & selon ce qui se passe actuellement.

Page

Page 80. *Les bergers & les chiens de-*
meurerent à la bergerie pour la garder] Ces
sortes de particularitez, qui ne paroissent
pas necessaires pour la narration, sont adjoutées pour la Peinture : je m'en rapporte
aux grands Peintres. Il y en a peu qui faisant un tableau sur ce sujet, oubliassent ces
bergers & ces chiens qui demeurent pour la
garde des troupeaux & des estableꜱ; *Ut pic-*
tura poësis erit.

Eumée, sans le sçavoir, conduisoit ainsi à
la ville son maistre & son Roy] Homere at-
tendri par ce sujet, qui est en effet tres touchant, fait cette reflexion, pour obliger son
Lecteur à la faire avec luy.

C'estoit l'ouvrage de trois freres, Ithacus,
Nerite & Polyctor] Il faut toujours faire
honneur aux Princes des ouvrages qu'ils
font pour la commodité du public. Voilà
pourquoy Homere nomme les trois fils de
Pterelas, à qui on avoit l'obligation de cette
fontaine.

Un bois de peupliers plantez en rond]
Pourquoy Homere remarque-t-il icy cette
figure de ce bois, en nous disant qu'il estoit
parfaitement rond, πάντοσε κυκλοτερές ! C'est,
comme dit fort bien Eustathe, *que la figure*
ronde estoit celle que les Anciens estimoient
le plus ; ils la regardoient comme sacrée, c'est
pourquoy ils faisoient leurs autels ronds,
leurs tables rondes.

Tome III. F

riger un paſſage d'Heſychius qui eſt mani-
feſtement tronqué, ἄορες, dit-il, γυναῖκες
λέγονται καὶ τρίποδες. *On appelle* ἄορες *les*
femmes & les trepieds. On voit bien que
cela eſt faux, Heſychius avoit eſcrit, ἄορες
γυναῖκες λέγονται, Ὅμηρος, οὐκ ἄορες οὐδὲ
λέβητας, τοῦτ'ἔςι οὐ γυναῖκας οὐδὲ τρίποδας.

Page 82. *Je le nourrirois de petit lait*] Il
ne luy donneroit pas le bon lait, ce ſeroit
une nourriture trop friande pour luy, mais
l'eau qui ſort des fromages, le petit lait, le
maigre du lait.

Page 83. *Mais il retint ſa colere, & il*
prit le parti de ſouffrir] Non ſeulement il
prend ce parti, mais ſa patience eſt ſi grande, qu'il ne répond pas un ſeul mot.

Et ces airs de Seigneur que tu te donnes]
C'eſt ce que ſignifie proprement icy le mot
ἀγλαίας dont Homere ſe ſert ; Melanthius,
parce qu'il eſtoit toujours avec les Princes,
imitoit ces airs & ces manieres, tranchoit du
grand Seigneur, & vouloit eſtre homme de
ville.

Page 84. *Ho, ho, répondit Melanthius,*
que veut dire ce docteur avec ſes belles ſen-
tences] Le mot ολοφώια ſignifie *des fineſſes,*
des ruſes, mais il ſignifie auſſi *des ſenti-*
ments profonds, des moralitez, des ſenten-
ces, δεινὰ βυλεύματα, & je l'ay pris icy dans
ce dernier ſens, car Melanthius a égard à
ce qu'Eumée vient de dire de ſage, & aux

remontrances qu'il luy fait.

Puisqu'il est si habile, je l'envoyeray bien-
tost sur un vaisseau loin d'Itaque trafiquer
pour moy] Comme s'il disoit : c'est dommage
de laisser un si habile homme à garder les
cochons, il faut luy donner un vaisseau &
l'envoyer trafiquer, car avec l'esprit qu'il a,
il amassera de grandes richesses. Melanthius
parle icy en maistre qui peut disposer de ses
camarades, & s'en servir pour ses propres affaires comme de ses valets.

Plust aux Dieux estre aussi seur qu'aujour-
d'huy mesme Apollon tüera le jeune Telema-
que] Voilà l'estat de ces valets perfides, ils
desirent la mort de leur maistre pour continuer leurs desordres & pour estre seurs de
l'impunité.

Vis à vis d'Eurymaque auquel il estoit
particulierement attaché] Car cet Eurymaque avoit un mauvais commerce avec Melantho, une des femmes de Penelope & sœur
de ce Melanthius , comme Homere nous
l'apprendra dans le Livre suivant.

Page 85. *Il est aisé à reconnoistre entre*
tous les autres Palais] Car comme il y avoit
plusieurs Princes à Ithaque, il y avoit aussi
plusieurs Palais, mais tous inferieurs à celuy
d'Ulysse qui estoit le Roy.

Il est élevé & a plusieurs estages] Cette
façon de parler est remarquable, ἐξ ἑτέρων
ἕτερ᾽ ἐστίν, *ex aliis alia sunt,* c'est à dire, qu'il y

a plusieurs appartements les uns sur les autres, c'est ce que nous disons, *il y a plusieurs estages,* οὖ μονόστηχα ἀλλ' ἱπερῷα, dit Eustathe.

Elle soutiendroit un siege, & il ne seroit pas aisé de la forcer] Je croy que c'est-là le sens de ce vers,

..... οὐκ ἄν τις μιν ἀνὴρ ὑπεροπλίσσαιτο.

Nul homme ne l'insulteroit. Car Hesychius explique, ὑπεροπλίσσαι, ὑπερϐῆναι, ὑπερπηδῆσαι. Ulysse, homme de guerre, fait cette reflexion, qu'en cas de besoin il pourra s'y deffendre contre ceux qui viendroient l'attaquer.

Voulez-vous entrer le premier dans ce Palais] Eumée en homme sage ne veut pas entrer dans le Palais avec Ulysse, de peur que cela ne soit suspect aux Poursuivants, & qu'ils ne s'imaginent que c'est un homme qu'il amene pour dire quelques nouvelles à Penelope.

Page 86. *Je suis accoutumé aux insultes & aux coups*] L'expression Grecque est remarquable; elle dit à la lettre, *Je ne suis pas ignorant des playes & des coups:*

Οὐ γὰρ τι πληγέων ἀδαήμων οὐδὲ βολάων.

C'est la mesme que celle du Prophete Isaïe, 53. 3. *Virum dolorum & scientem infirmitatem.* Car la patience est une grande science.

Ventre affamé n'a point d'oreilles] C'est l'équivalent le plus juste de l'expression

Grecque qui paroiſt un proverbe : *Il n'eſt*
poſſible en aucune maniere de retenir, de ca-
cher un ventre affamé & qui meurt de faim.
Au reſte Ulyſſe parle ainſi pour mieux cacher ſon jeu, & pour faire croire à Eumée
que c'eſt la neceſſité & la faim qui l'obligent
à faire toutes ces démarches.

C'eſt elle qui met ſur pied des armées &
qui équippe des flottes] Car ſi on y prend
bien garde, la pluſpart des guerres & ſur
terre & ſur mer, ſont entrepriſes pour ravir
le bien des autres, ou pour conſerver le ſien,
& le tout pour la bonne chere, pour le luxe,
&c. Ariſtophane a bien ſceu profiter de cet
endroit.

Page 87. *Un chien nommé* Argus, *qu'U-*
lyſſe avoit élevé] Voicy une nouvelle eſpece
d'épiſode qu'Homere n'auroit pû employer
dans l'Iliade, & qu'il employe heureuſement
dans l'Odyſſée, qui eſt ſur un autre ton ;
c'eſt la reconnoiſſance d'Ulyſſe par ſon chien.
Cet épiſode, tres different de tout ce qui a
précedé, jette dans cette Poëſie une varieté
charmante. Le Poëte en faiſant l'éloge d'Argus, enrichit l'hiſtoire naturelle & marque le
caractere d'Ulyſſe.

En attendant que les laboureurs d'Ulyſſe
vinſſent l'enlever pour fumer les terres] Les
narrations d'Homere ſont ordinairement
meſlées de préceptes indirects, ſoit pour les
mœurs, ſoit pour le ménage. En voicy un

pour l'œconomie ruſtique. Le fumier devoit
eſtre fort précieux à Ithaque, car comme les
terres y eſtoient fort maigres, elles avoient
grand beſoin d'eſtre fumées, & c'eſt ce qu'-
Homere n'a pas oublié. Virgile en a fait un
précepte,

Ne ſaturare fimo pingui pudeat ſola.
Lib. 1. Georg. *Un tas de fumier devant la
porte d'un Palais !* s'eſcrie l'Auteur du Parallele. *Demeurez d'accord que les Princes
de ce temps-là reſſembloient bien aux pay-
ſans de ce temps-cy.* Voilà comme ce Critique eſtoit bien inſtruit de l'Antiquité.

*Ce chien eſtoit donc couché ſur ce fumier
& tout couvert d'ordure*] Le Grec dit, *&
tout plein de vermine.* Mais le mot de l'ori-
ginal eſt beau & harmonieux, au lieu que
celuy de *vermine* eſt deſagréable & bas.
L'Auteur du Parallele abuſe encore de cet
endroit : *Homere dit que ce chien eſtoit tout
mangé de tics.* Il ne ſent pas combien les
termes bas qu'il employe fleſtriſſent la dic-
tion & deshonnorent la Poëſie.

*Mais il n'euſt pas la force de ſe lever
pour ſe traiſner juſqu'à ſes pieds*] Cela eſt
menagé par le Poëte avec beaucoup d'art :
ſi ce chien s'eſtoit levé, & qu'il fuſt allé aux
pieds d'Ulyſſe le careſſer, cela auroit pû
donner quelque ſoupçon.

*Ulyſſe qui le reconnut d'abord, verſa des
larmes qu'il eſſuya promptement*] C'eſt un

sentiment tres naturel ; Ulysse touché de
l'amitié de son chien, & le voyant en cet estat, pleure en mesme temps & par amitié &
par compassion.

*Page 88. Ou s'il estoit comme ces chiens
inutiles qui ne sont bons qu'autour des tables, & que les Princes nourrissent par vanité*] Ulysse blasme icy la coutume des
grands Seigneurs de son temps qui nour-
rissoient beaucoup de chiens inutiles par vanité & pour la magnificence. Il vouloit qu'on
n'en nourrist que d'utiles, ou pour la chasse
ou pour la garde des maisons.

Et que les Princes nourrissent par vanité]
Il y a dans le Grec, *& que les Roys, &c.*
ἄνακτες. Mais icy *Roys* signifie tous les
grands Seigneurs, tous les riches : comme
dans le mot d'Horace, sat. 2. liv. 1.

Regibus hic mos est ubi equos mercantur.
Et dans Terence, Eunuch. 1. 2.

*..... Eunuchum porrò dixti velle te,
Quia solæ utuntur his Reginæ.*

*Page 89. C'est la coutume des domesti-
ques, dés que leurs maistres sont absents*]
Cette Peinture est assez naturelle. Terence
a dit de mesme, en parlant des servantes de
Thaïs, Eunuch. 3. 5.

*..... Foras simul omnes proruunt se :
Abeunt lavatum, prostrepunt, ita ut fit,
    Domini ubi absunt.*
Dés que leurs maistres sont absents, ou

foibles & fans autorité] Tout cela est ren-
fermé dans ce seul mot,

... Ἒυ τ᾽ ἂι μηκέτ᾽ ἐπικρατέωσιν ἄνακτες.

Simul ac non amplius dominantur Reges.
Car dans toutes les langues il faut expliquer
les termes par rapport aux sujets & aux occasions dont on parle. Ulysse, qui est le Roy,
est ou mort ou absent, la Reyne est foible
& n'est plus maistresse, & Telemaque est
jeune & sans autorité, c'est ce qu'Homere a
voulu faire entendre par ce seul mot μηκέτ᾽ ἐπικρατέωσιν, quand il n'y a plus de maistre qui les retienne dans le devoir.

*Car Jupiter oste à un homme la moitié de
sa vertu le premier jour qu'il le rend esclave*]
Cela est vray pour l'ordinaire ; le premier
jour qui oste la liberté, oste une grande partie de la vertu, & ce qui en reste ne tient
pas contre une longue servitude, car, comme
disoit un Philosophe à son ami Longin, la
servitude est une espece de prison où l'ame
décroist & se rapetisse en quelque sorte, &
il la compare fort bien à ces boëtes où l'on
enfermoit les nains pour les empescher de
croistre & pour les rendre mesme plus petits. Mais cela n'est pas si generalement vray
qu'il n'y ait plusieurs domestiques qui resis-
tent à ces impressions de la servitude & qui
conservent leur vertu, temoin ce mesme Eumée. La beauté de la reflexion qu'Homere
fait icy a touché l'Auteur mesme du Paral-

tele, mais il la trouve tres mal placée. *Cette
reflexion eft admirable*, dit-il, *& une des plus
belles qui furent jamais. Mais voyez où elle
eft mife*, *& à quelle occafion le Poëte prend
des fentiments fi élevez.* Elle eft tres bien
mife, & plus la chofe eft petite, plus la ne-
gligence de ces valets efclate, & cette reflexion eft d'autant plus feante, fur tout dans
la bouche de ce pafteur.

*Dans le moment le chien d'Ulyffe accom-
complit fa deftinée, & mourut de joye*] Tous
les animaux, quand ils font fort vieux. meu-
rent pour la moindre chofe ; la joye qu'eut
ce pauvre Argus de revoir fon maiftre fut
fi grande, qu'elle diffippa en mefme temps
le peu qui luy reftoit d'efprits. Homere dit
de ce chien qu'*il accomplit fa deftinée*, parce
qu'il a eftabli dans fes Poëmes qu'il y a une
deftinée pour les animaux, & que la Providence veille pour eux comme pour les hommes. Ce qui eft parfaitement d'accord avec
la faine Theologie, comme je l'ay dit ailleurs.

*D'avoir reveu fon maiftre vingt ans après
fon départ*] On n'auroit jamais crû que ce
paffage euft pû fournir un fujet de critique
contre Homere ; cependant l'Auteur mo-
derne, dont j'ay desja fouvent parlé, s'en eft
fervi pour faire voir que fi ce Poëte n'eftoit
ni bon Aftronome, ni bon Geographe,
comme il fe flate affez ridiculement de l'a-
voir prouvé, il n'eftoit pas meilleur Natura-

lifte, & il le prouve à fa maniere, c'eft à dire
qu'il nous fait voir que s'il a fait des bevûës
groffieres pour n'avoir pas entendu le Grec,
il en fait auffi pour n'avoir pas entendu le
Latin, comme M. Defpreaux l'a fort bien
prouvé, Refl. 3. fur Longin. Je rapporte ces
fauffes Critiques, pour faire voir à quels excés l'ignorance & le méchant gouft portent
les Cenfeurs des Anciens, afin que cet exemple retienne fes femblables. *Ulyffe dans l'O-
dyffée*, dit-il, *eft reconnu par fon chien, qui
ne l'avoit point vû depuis vingt ans. Cependant Pline affeure que les chiens ne paffent
jamais quinze ans.* Quand Pline l'auroit dit,
il n'auroit pas fallu le croire, & il auroit mieux
vallu fuivre tant de Naturaliftes Modernes
qui affeurent que les chiens vivent des vingt
ans, des vingt-deux ans. Euftathe affeure
mefme *que ceux qui font venus aprés Homere, efcrivent que les chiens vivent jufqu'à
vingt-quatre ans.* Ὅτι δὲ καὶ εἰκοσιτεσσαρα
ζῶσιν ἔτη κύνες, ἱσόρησαν οἱ μετ' Ὅμηρον. Et
moy-mefme j'en ay vû un qui avoit vingt-
trois ans. Bien plus encore, il n'y a pas long-
temps qu'on en a vû un icy qui avoit plus
de trente années, je ne fçay mefme s'il eft
mort. Comment Pline a-t-il donc pû fe
tromper fur une chofe que l'experience en-
feigne. Mais bien-loin que Pline ait jamais
affeuré ce que ce Critique luy attribuë fi
hardiment, il dit expreffement le contraire

aprés Homere. *Canes Laconici vivunt annis denis, cætera genera quindecim annos, aliquando viginti.* Cette efpece de chiens qu'on appelle chiens de Laconie vivent dix ans. Toutes les autres efpeces de chiens vivent ordinairement quinze ans & vont quelquefois jufqu'à vingt. Plin. liv. 10.

Page 90. *Il s'affit hors de la porte, fur le feüil qui eftoit de frefne, & s'appuya contre le chambranfle qui eftoit de cyprés & fort bien travaillez*] Ces petites particularitez, qui paroiffent inutiles, ne font pas adjoutées en vain, elles fervent à tromper le Lecteur, & à luy faire croire que tout le refte eft vray, puifque celuy qui fait le recit eft fi inftruit des moindres chofes, & par ce mefme moyen Homere marque les mœurs des temps. Le feüil & le chambranfle de la porte du Palais d'Ulyffe n'eftoient pas d'un bois rare & précieux.

La honte eft nuifible à tout homme qui eft dans le befoin] Dans le dernier Livre de l'Iliade Homere a fait dire par Apollon mefme, *Que la honte eft un des plus grands maux & des plus grands biens des hommes, qu'elle eft tres utile & tres nuifible aux hommes.*

..... Ἄνδρας μέγα σίνεται ἠδ' ὀνίνησι. Hefiode a réüni ces deux paffages, celuy de l'Odyffée & celuy de l'Iliade, & en a fait une feule fentence dans fon Traité des œuvres & des jours:

ΑΑΙδὼς δ᾽ ὐκ ἀγαθὴ κεχρημένον ἄνδρα
κομίζει,

Ἀιδὼς, ἥ τ᾽ ἄνδρας μέγα σίνεται ἠδ᾽ ὀ-
νίνησι.

C'eſt à dire, qu'il y a une bonne & une mau-
vaiſe honte. On peut voir la Remarque ſur
le dernier Liv. de l'Iliade, tom. 3. p. 592.

Page 91. *Il mangea pendant que le chantre Phemius chanta & joüa de la lyre*] Homere ne rapporte point icy le chant de Phemius, car il n'en a pas le temps, ſon ſujet
l'appelle, & Ulyſſe va executer la plus eſton-
nante de toutes les entrepriſes.

Page 92. *Quoyqu'il fuſt reſolu qu'il n'en
ſauveroit aucun*] Le Poëte adjoute cela à
cauſe de ce qu'il vient de dire, *afin qu'il puſt
connoiſtre ceux qui avoient de l'humanité &
de la juſtice.* Car il ſemble que ceux en qui
il en trouveroit devoient eſtre eſpargnez,
mais le Poëte nous avertit qu'il n'en ſauvera
aucun, pas meſme de ceux en qui il trouvera
cette ſorte d'humanité & de juſtice, car cette
humanité & cette juſtice n'eſtant que ſuper-
ficielles & paſſageres, elles ne devoient pas
les ſauver, il n'eſt pas juſte qu'un acte de
vertu, qu'arrache un moment de compaſſion & qui ne vient point de la bonne diſpo-
ſition du cœur, efface tant de méchantes
actions qu'un vice habituel a produites.

Mais avec un air ſi naturel, qu'on euſt dit

qu'il n'avoit fait d'autre meſtier toute ſa vie]
Homere fait remarquer icy la grande ſou-
pleſſe d'Ulyſſe qui ſe plioit & s'accommodoit
à tous les eſtats de la fortune comme s'il y
eſtoit né, juſqu'à mendier meſme. Euſtathe
dit fort bien, Καὶ ἰδοὺ ὁ πολυμήχανος Ὀδυσ-
σεύς, καὶ τῷ ἐπαιτεῖν τεχνίτης ἐσί. *Voyez com-*
bien eſt ſouple & adroit cet Ulyſſe, il eſt maiſ-
tre meſme en l'art de mendier. C'eſt ce qui
juſtifie bien l'épithete πολύτροπος que le
Poëte luy a donnée.

Se mit à gronder fortement Eumée] Antinoüs comme le plus méchant eſt auſſi le
plus ſoupçonneux & le plus timide, il craint
qu'il n'y ait icy quelque myſtere caché, &
que ce gueux ne ſoit quelque meſſager
qu'Eumée amene à Penelope : voilà pourquoy il s'emporte ſi fort contre luy.

Page 93. *N'avons-nous pas icy aſſez de*
vagabonds & aſſez de pauvres] Il y avoit
donc beaucoup de pauvres à Ithaque, mais
il y a de l'apparence que les pauvres des iſles
voiſines & du continent meſme, s'eſtoient
rendus-là pour profiter de la profuſion que
les Pourſuivants faiſoient dans le Palais d'U-
lyſſe, car c'eſt la coutume des gueux, ils s'aſ-
ſemblent où eſt la foule. J'ay lû quelque
part qu'à Athenes il n'y avoit pas un ſeul
gueux qui en mendiant deshonoraſt la ville.
Voilà un grand éloge, je ne croy pas qu'aujourd'huy il y ait une ſeule ville dans le mon-

de à laquelle on puisse le donner.

Un devin, un medecin, un menuisier, un chantre divin qui fait un grand plaisir par ses chants] Homere met icy au nombre des artisans, δημιεργῶν, χειροτέχνων, les devins & les medecins, aussi-bien que les charpentiers, mais il y met aussi les chantres, c'est à dire, les Poëtes mesmes. Cela vient de ce que dans ces premiers temps, tous les arts, ceux mesmes qui nous paroissent aujourd'huy les plus méchaniques, estoient honorez, & on appelloit artisans, δημιεργοις, tous ceux qui travailloient pour le public, & qui tiroient une récompense de leur travail.

Voilà les gens qu'on appelle chez soy] Car tous ces gens-là sont utiles, & quand on n'en a pas dans le pays on en fait venir d'ailleurs. Eumée répond tres solidement au reproche d'Antinoüs.

Page 94. *Il faut avoüer qu'un pere n'a pas plus de soin de son fils que vous en avez de moy*] C'est une ironie, comme si Antinoüs n'avoit voulu chasser cet estranger que pour espargner le bien de Telemaque, & cette ironie est mesme plus amere qu'elle ne paroist d'abord, car c'est comme si Telemaque luy disoit, il semble que vous soyez seur d'espouser ma mere, vous agissez desja comme si vous me teniez lieu de pere, tant vous avez soin de ménager mon bien.

Page 95. *Je vous asseure que si tous les*

Pourfuivants donnoient à ce gueux autant que moy, il n'auroit pas befoin de grand chofe] Antinoüs répond à l'ironie de Telemaque par une autre ironie, car il veut dire que fi tous les Princes donnoient autant que luy à ce gueux, il feroit plus de trois mois fans revenir, car il recevroit tant de coups, qu'il luy faudroit plus de trois mois pour fe faire panfer & pour en guerir.

Mais il s'approcha d'Antinoüs, & luy dit: Mon ami, donnez-moy aufsi quelque chofe] Ulyffe diffimule, car la diffimulation fait une grande partie de la patience; il fait donc femblant de n'avoir ni entendu l'ironie cachée fous fa réponfe à Telemaque, ni vû l'action qu'il a faite en tirant fon marchepied. Il va à luy & luy demande comme aux autres, pour luy donner lieu de combler la mefure de fa méchanceté, & pour fonder la vengeance efclatante qui doit la fuivre.

Page 96. *J'allay donc au fleuve Ægyptus*] C'eft la mefme hiftoire qu'il a faite à Eumée dans le xiv. Liv. il n'en change que la fin.

Page 98. *Ils me vendirent à un eftranger qui paffoit*] Cela eft bien different de ce qu'il a dit à Eumée dans le xiv. Liv. Mais il ne craint pas qu'Eumée releve cela comme un menfonge, il croit ou que ce pafteur n'y prendra pas garde, ou qu'il croira qu'il a fes raifons pour ne pas dire icy ce qu'il luy a dit chez luy.

Où il me vendit à Dmetor fils de Jasus,
qui regnoit dans cette isle] Quoy-qu'il ne
faille pas demander raison à Ulysse de ses
fictions, il n'est pourtant pas hors de propos
de rechercher les veritez qu'il peut avoir
meslées dans ses fables. Je croy que ce Roy
de Cypre n'est pas un Roy supposé. Quand
les Grecs se préparoient à aller à Troye, il y
avoit à Cypre un Roy nommé Cinyras, qui
envoya à Agamemnon cette belle cuirasse
dont il est parlé au commencement de l'on-
ziéme Livre de l'Iliade. Ce Roy mourut ap-
paremment pendant le siege, & ce Dmetor
fils de Jasus, dont Homere parle dans ce
passage, regna aprés luy.

De peur que je ne te fasse revoir cette
triste terre d'Egypte, ou Cypre] C'est à dire,
de peur que je ne te vende à des corsaires
qui te meneront encore en Egypte, ou qui
iront te vendre dans l'isle de Cypre. Au
reste ce passage suffit pour détromper ceux
qui ont crû qu'Homere n'a connu *Ægyptus*
que pour le fleuve, car nous voyons icy ma-
nifestement qu'il appelle du mesme nom la
terre que ce fleuve arrose, puisqu'il dit πι-
κρὼ Ἀιγυπϊον. Cette épithete au feminin ne
convient point au fleuve, elle ne convient
qu'a la terre.

Page 99. *On voit bien que chez vous vous*
ne donneriez pas un grain de sel à un men-
diant] C'estoit un proverbe en Grece. Pour

marquer un homme fort avare on difoit *qu'il ne donneroit pas un grain de fel à un pauvre*, car le fel y eftoit fort commun. Il faut remarquer icy le mot ἐπαίτης mis pour ἱκέτης, un *mendiant*, car aprés Homere il a eu une fignification plus noble.

Page 100. *On n'eſt point ſurpris qu'un homme ſoit bleſſé quand il combat pour deffendre ſon bien*] Ce difcours eft tres fort & releve bien l'injuftice d'Antinoüs, d'avoir frappé un homme qui ne faifoit que luy demander l'aumofne. Mais outre le fens évident & manifefte qu'ont les paroles d'Ulyffe, elles en ont un caché qui a rapport aux affaires prefentes, car c'eſt comme s'il difoit, fi je voulois chaffer les Pourfuivants & deffendre mon bien & mes troupeaux qu'ils diffipent, ce ne feroit pas une chofe bien eftrange que je fuffe bleffé, mais que je le fois lorfque je ne fais que demander la charité pour appaifer la faim, voilà ce qui eft eftrange & inoüi. Ulyffe eft bleffé par Antinoüs lorfqu'il luy demande l'aumofne, & il ne le fera point lorfqu'il attaquera les Pourfuivants pour les chaffer de fon Palais.

Page 101. *Vous avez fort mal fait, Antinoüs, de frapper ce pauvre*] L'action d'Antinoüs eft fi criante, qu'elle revolte mefme les autres Princes tout injuftes & tout depravez qu'ils eftoient.

Que deviendrez-vous, malheureux, ſi c'eſt

quelqu'un des Immortels ! car souvent les
Dieux, qui se reveslent comme il leur plaist
de toutes sortes de formes, prennent la figure
d'estrangers] Voicy un passage celebre qui
a attiré la censure de Platon. *Si Dieu se me-*
tamorphosoit, dit ce Philosophe dans le 11.
liv. de sa Republique, *il prendroit une forme*
plus parfaite que la sienne, ou une forme
moins parfaite. Or il est ridicule de dire qu'il
se change en mieux, car il y auroit quelque
chose de plus parfait que luy, ce qui est ab-
surde ; & il est impie d'admettre qu'il se
change en quelque chose de moins parfait,
car Dieu ne peut se dégrader. D'ailleurs s'il
paroissoit sous une autre forme que la sienne,
il mentiroit, parce qu'il paroistroit ce qu'il
ne seroit pas. Il faut donc conclure de-là
qu'il demeure dans sa forme simple, qui est
seule la beauté mesme & la perfection. Qu'au-
cun Poëte, adjoute-t'il, *ne vienne donc pas*
nous dire que les Dieux prennent toutes sor-
tes de formes, & que sous la figure d'estran-
gers ils vont dans les villes, &c. M. Dacier
a fort bien refuté l'erreur cachée sous ces raisons qui paroissoient specieuses. *Si Platon,*
dit-il, *n'avoit employé son raisonnement qu'à*
battre en ruine les ridicules metamorphoses
que les Poëtes attribuoient aux Dieux, il au-
roit raison, mais de s'en servir pour combat-
tre la maniere dont il a souvent plû à Dieu
de se rendre visible sous la forme d'un ange,

Dans le Traité de la doctrine de Platon, p. 171.

ou d'un homme qu'il a créé à son image, &
dont il a pû prendre la figure sans tromper
les hommes, & sans se départir de ses per-
fections, c'est une erreur. Aussi n'a-t'-elle pas
eschappé aux lumieres de son disciple Aris-
tote, qui, bien que d'ailleurs moins esclairé
sur la nature divine, a mieux connu que Platon la beauté & la verité de ce sentiment
d'Homere, & instruit par ce grand Poëte, il
a reconnu qu'il n'est pas indigne de Dieu de
se revestir de la nature humaine pour délivrer les hommes de leurs erreurs. Ce passage
d'Homere est certainement d'une grande
beauté, & c'est un grand honneur pour ce
Poëte que ses vûës s'accordent mieux avec
les veritez de nos Livres saints que celles du
plus grand Philosophe & du plus grand
Theologien du Paganisme. Il semble qu'il
avoit lû ce passage de la Genese, où trois
Anges s'estant apparus à Abraham, le Seigneur luy dit: *Le cri de Sodome & de Go-*
morrhe s'est multiplié, & leur peché s'est ex-
tremement aggravé, je descendray & je ver-
ray si leurs œuvres répondent à ce cri qui est
venu jusqu'à moy, &c. Genes. 18. 21. &
22. Toute l'Escriture sainte est pleine de ces
exemples. Et ce qu'il y a icy de bien remarquable, c'est qu'Homere met cette grande
verité dans la bouche de ces Poursuivants
pour en mieux marquer la certitude, car il
faut qu'une verité soit bien constante & bien

répanduë quand elle est ainsi attestée & a-
voüée par ces sortes de gens qui n'ont d'ailleurs ni pieté ni religion.

Page 102. *Mais quand on eut rapporté
à la sage Penelope que ce pauvre avoit esté
blessé*] La compassion que Penelope a pour
cet estranger, qu'on vient de blesser si indi-
gnement, donne lieu à l'entrevûë de Penelope & d'Ulysse, qui se fera dans le xix. Liv.
& qui donne un merveilleux plaisir aux Lec-
teurs.

Page 104. *Et ces trois jours là ne luy suf-
firent pas pour me raconter ses tristes avantures*] Il faut qu'Eumée exagere, ou plustost
qu'Ulysse luy ait dit beaucoup de choses que
le Poëte n'a pas rapportées, ou qu'il n'a rapportées qu'en abregé, & cela est tres appa-
rent, car ce que nous lisons ne remplit que
quelques heures.

*Comme quand un chantre celebre, que les
Dieux eux-mesmes ont instruit*] Homere releve tres souvent les merveilles de la Poësie
& le plaisir que font ses chants divins, car il
connoissoit bien le merite & le pouvoir de
son art. Mais il né parle que des Poëtes que
les Dieux eux-mesmes ont instruits, c'est à
dire, qui ont receu des Dieux le genie de la
Poësie, & à qui les Dieux ont ouvert tous
leurs tresors. Les autres ne font aucun plaisir, & ne sont escoutez que de ceux qui n'ont
aucune idée de la veritable Poësie.

Où le sage Minos est né] Le premier Minos, c'est à dire, le fils de Jupiter & d'Europe, fut un Roy si juste & un si excellent Legislateur, qu'Homere l'appelle *l'ami de Jupiter*, qu'il dit qu'il s'entretenoit avec luy, & qu'il a crû ne pouvoir donner un plus grand éloge à l'isle de Crete, qu'en disant que le sage Minos y estoit né. Car rien ne fait tant d'honneur aux Estats que les grands personnages qui y ont pris naissance. D'autres ont expliqué ce mot, ὅτι Μίνωος γένος ἐστίν, *où regnent les descendants de Minos*. En effet Idoménée regnoit encore en Crete dans le temps que cecy se passoit à Ithaque, mais j'aime mieux le premier sens.

Qu'Ulysse est plein de vie prés des terres des Thesprotiens] Et cela est tres vray, puisqu'Ulysse est à Ithaque, qui n'est pas éloignée de la Thesprotie, & qu'il y amene de grandes richesses, ces richesses qu'il a cachées dans un antre, comme nous l'avons vû.

Page 105. *Et Telemaque esternua si fort que tout le Palais en retentit*] Il falloit bien que l'esternüement de Telemaque fust tres fort pour estre entendu de Penelope, qui estoit retirée dans son appartement au haut de son Palais. Elle reconnoist que c'est l'esternüement de son fils, & cet esternüement qui vient si à propos comme elle achevoit de dire ces paroles, *il se seroit bien-tost vengé de ces Princes*, luy paroist un augure tres

favorable & tres feur. Nous voyons par ce
paſſage que la ſuperſtition de prendre les eſ-
ternüements pour des augures eſt tres an-
cienne. Cette ſuperſtition venoit de ce que
la teſte eſtant la partie la plus ſacrée du corps,
comme le ſiege de la raiſon & du ſentiment,
& l'eſternüement venant de la teſte , on le
prenoit pour un ſigne d'approbation, & non
ſeulement on reſpectoit ce ſigne, mais on e
regardoit comme envoyé par Jupiter meſme, & on l'adoroit. En voicy une preuve bien
remarquable dans le 3. liv. de Xenophon de
l'expedition de Cyrus. Xenophon ayant fini
un petit diſcours par ces paroles : *Nous avons*
pluſieurs rayons d'eſperance pour noſtre ſalut,
il adjoute, *Sur cela quelqu'un eſternüa, & tous*
les ſoldats l'ayant entendu, ſe mirent à ado-
rer le Dieu par un mouvement auſſi general
que ſubit ; & alors Xenophon reprenant la
parole, leur dit : Compagnons, puiſqu'en par-
lant d'eſperance de ſalut, cet augure de Ju-
piter ſauveur nous eſt apparu, &c. Cela explique fort bien l'idée que l'on avoit des eſ-
ternüements. Dans la ſuite cette ſuperſtition
a fait place à une autre ; on a regardé l'eſternüement comme une maladie, ou comme
un ſigne de maladie, & c'eſt d'où eſt venüe
la coutume, qui dure encore aujourd'huy, de
dire *Dieu vous aſſiſte*, à ceux qui viennent
d'eſternüer. Comme les Grecs diſoient ζεῦ
σῶσον, *Jupiter, ſauvez-le* : ou ζῆθι, *vivez,*
puiſſiez-

puiſſiez-vous vivre.

Page 106. *Elle vous donnera des habits dont vous avez grand beſoin*] Penelope a dit ſeulement, *je luy donneray de bons habits.* Et Eumée, comme un ſerviteur affectionné, adjoute, *dont vous avez grand beſoin, & vous pourrez demander librement dans Ithaque, &c.* Ces dernieres paroles, *& vous pourrez demander librement dans Ithaque, &c.* ſe-roient fort mal dans la bouche de la Reyne, mais elles ſont fort bien dans celle d'Eu-mée, qui croit que c'eſt aſſez faire pour un homme comme luy que de l'habiller & de luy permettre de gueuſer librement par tou-te la ville.

Page 107. *Car je ſçay des nouvelles de ſon mary, nous ſommes luy & moy dans une meſme infortune*] Les traits équivoques qui portent un ſens dans l'eſprit de celuy à qui on parle, & un autre ſens dans l'eſprit de celuy qui lit & qui ſçait la verité, font tou-jours un effet admirable, car le Lecteur a en meſme temps deux plaiſirs, l'un d'eſtre dans le fait, & l'autre, de voir les autres trom-pez par l'ignorance où ils ſont. C'eſt ce qui regne ſouverainement dans l'Oedipe de Sophocle.

Telemaque ni aucun de ſa maiſon ne ſe ſont preſentez pour me deffendre] Car cette timidité de Telemaque & de ſes gens eſt une grande preuve que tout plie ſous ces

Tome III. .G

Pourſuivants, & que leur violence & leur in-
ſolence ſont redoutées de tout le monde.

Page 110. *Mais ne partez pas ſans a-
voir ſoupé*] Il y a dans le Grec: *Partez aprés
avoir pris le repas du ſoir:* οὐ δ᾽ ἔρχεο δειελιήσας. Et il s'agit de ſçavoir de quel repas
Homere parle icy. Quelques anciens Critiques ont crû que c'eſtoit un quatriéme repas que l'on faiſoit aprés ſouper, que les Romains appelloient *commeſſationem*, & que
nous appellons *collation*. Mais ce repas eſtoit inconnu aux Grecs de ces temps heroï-
ques, qui eſtoient trop ſobres pour manger
encore aprés le ſouper. Athenée a pourtant
ſuivi ce ſentiment dans ſon premier livre,
mais dans la ſuite, contraire à luy-meſme, il
s'en eſt mocqué; c'eſt dans ſon 5. liv. où il
dit: *Ceux-là ſont ridicules qui diſent que les
Grecs faiſoient quatre repas, ſur ce qu'Homere a dit,* οὐ δ᾽ ἔρχεο δειελιήσας, *ne prenant
pas garde que ce mot* δειελιήσας *ſignifie-là*
δεῖλινον διατρίψας χρονον. Athenée a raiſon
icy de ne vouloir pas qu'on explique le mot
d'Homere d'un quatriéme repas; mais je
croy qu'il a tort de ne vouloir pas l'entendre
du ſouper, car on voit que Telemaque n'a
pas pluſtoſt donné l'ordre, qu'Eumée va ſe
mettre à table & manger. δειελιήσας ſignifie
donc icy *aprés avoir pris le repas du ſoir,*
c'eſt à dire, *aprés avoir ſoupé,* τὸ δεῖλινον ἐμ-
βρωμα λαβὼν, οἷον δειπνήσας, comme dit fort

bien Hefychius, car le *fouper,* δόρπος, eſtoit auſſi appellé δειλινὸν, comme le *diner,* δειπνὸν, eſtoit auſſi appellé ἄειςον. Ainſi voilà ces quatre repas qu'on reproche à ces premiers Grecs, les voilà réduits à deux qui ont des noms differents ſelon l'heure où on les faiſoit. On peut voir la premiere Remarque ſur le Liv. XVI.

Car le jour eſtoit desja bien avancé] C'eſt à dire, que le ſoleil penchoit vers ſon coucher.

Argument du Livre XVIII.

UN celebre mendiant nommé Irus vient à la porte du Palais & veut en chaſſer Ulyſſe ; ce Prince deffend ſon poſte, & ils en viennent tous deux à un combat à l'eſcrime des poingts ; Ulyſſe remporte la victoire, & eſt loüé par les Pourſuivants qui luy donnent le prix qu'il merite. Ulyſſe fait de ſages reflexions ſur la miſere de l'homme. Penelope ſe preſente aux Pourſuivants, Minerve prend elle-meſme le ſoin de l'embellir afin qu'elle les charme davantage ; ce ſoin n'eſt pas inutile, car ils luy font tous de beaux preſens. Penelope, aprés avoir fait des reproches à ſon fils de ce qu'il a laiſſé maltraiter ſon hoſte, & aprés avoir receu les preſens, s'en retourne dans ſon appartement, & les Princes continuent à prendre le plaiſir de la danſe & de la muſique. Ulyſſe ſe querelle avec une des femmes du Palais. Le Poëte fait voir le deſordre où vivent ces femmes. Eurymaque fait des railleries d'Ulyſſe qui luy répond ; Eurymaque s'emporte. Mais enfin Telemaque congedie l'aſſemblée, & les Pourſuivants ſe retirent aprés avoir fait les libations.

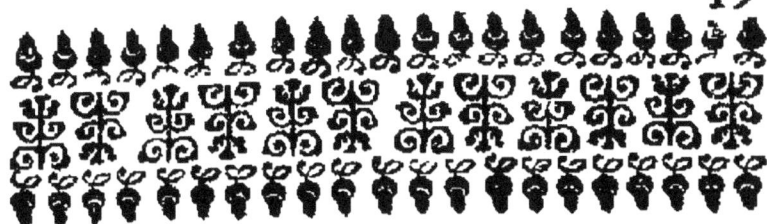

L'ODYSSE'E D'HOMERE.

LIVRE XVIII.

E UM E'E eſtoit à peine parti,
qu'on vit ſe preſenter à la porte du Palais un mendiant qui avoit
accoutumé de demander ſon pain
dans Ithaque, & qui par ſon horrible gloutonnerie s'eſtoit rendu fort
celebre, car il mangeoit toujours
& eſtoit toujours affamé. Cependant quoy-qu'il fuſt d'une taille
énorme, il n'avoit ni force ni courage ; ſon veritable nom eſtoit Arnée, ſa mere le luy avoit donné
dés ſa naiſſance, mais les jeunes
gens de la ville l'appelloient Irus,

parce qu'il faifoit tous les meffages
dont on le chargeoit. En arrivant
il voulut chaffer Ulyffe de fon pof-
» te, & luy dit en l'infultant, Retire-
» toy de cette porte, vieillard décre-
» pit, que je ne t'en arrache en te
» traifnant par les pieds. Ne vois-tu
» pas que tous ces Princes me font
» figne & m'ordonnent de te chaffer!
» mais je refpecte ta profeffion. Le-
» ve-toy donc, de peur que nous n'en
» venions aux mains, ce qui ne fe-
» roit pas à ton avantage.

Ulyffe le regardant d'un œil fa-
» rouche, luy dit : Mon ami, je ne
» te dis point d'injures, je ne te fais
» aucun mal, & je n'empefche point
» qu'on ne te donne ; cette porte
» peut fuffire à nous deux. Pourquoy
» es-tu fafché qu'on me faffe quel-
» que part d'un bien qui ne t'appar-
» tient pas! Il me paroift que tu es
» mendiant comme moy. Ce font les
» Dieux qui donnent les richeffes.
» Ne me deffie point trop au combat,

& n'efchauffe pas ma bile, de peur «
que tout décrepit que je fuis, je ne «
te mette tout en fang ; j'en ferois «
demain plus en repos , car je ne «
croy pas que de tes jours tu revinf- «
fes dans le Palais d'Ulyffe. «

Grands Dieux, repartit Irus en «
colere, voilà un gueux qui a la lan- «
gue bien penduë. Il reffemble tout «
à fait à une vieille ratatinée. Si je «
le prends je l'accommoderay mal, «
& je luy feray fauter les dents de la «
machoire comme à une befte qui «
fait le dégaft dans les terres d'un «
voifin. Voyons donc, deshabille- «
toy, ceins-toy d'un linge & entrons «
en lice, & que les Princes foient «
fpectateurs de noftre combat : mais «
vieux comme tu es, comment fou- «
tiendras-tu un adverfaire de mon «
âge ! «

C'eft ainfi qu'Ulyffe & Irus fe
querelloient avec chaleur devant la
porte du Palais. Antinoüs les entendit, & adreffant auffi-toft la pa-

role aux Pourſuivants avec de
» grands ris, Mes amis, leur dit-il,
» vous n'avez encore rien vû de pa-
» reil au plaiſir que Dieu nous en-
» voye; cet eſtranger & Irus ſe que-
» rellent, & ils vont terminer leur
» different par un combat. Ne per-
» dons pas cette occaſion de nous di-
» vertir; haſtons-nous de les mettre
» aux mains.

Tous les Princes ſe levent en
meſme temps, & riant de toute leur
force, ils environnent les deux
» mendians, & Antinoüs dit : Prin-
» ces, voilà les ventres des victimes
» qu'on fait roſtir pour noſtre table
» aprés les avoir farcis de graiſſe &
» de ſang, c'eſt un prix digne de ces
» champions. Que celuy donc qui
» aura terraſſé ſon adverſaire, choi-
» ſiſſe le meilleur; il aura encore
» l'honneur de manger toujours a-
» vec nous, & nous ne ſouffrirons
» point qu'aucun autre mendiant
» partage avec luy cet avantage.

Cette propofition d'Antinoüs
plut à toute l'affembléc, & le prudent Ulyffe prenant alors la parole,
dit avec une ironie cachée , Prin- «
ces, un vieillard comme moy, acca- «
blé de calamité & de mifere, ne de- «
vroit pas entrer en lice avec un ad- «
verfaire jeune, fort & vigoureux, «
mais le ventre accoutumé à faire «
affronter les plus grands dangers, «
me force de hazarder ce combat fi «
inégal, où ma deffaite eft prefque «
feure. Mais au moins promettez- «
moy, & avec ferment , qu'aucun «
de vous, pour favorifer Irus , ne «
mettra la main fur moy, ne me «
pouffera & ne fera aucune fuper- «
cherie dont mon ennemi puiffe «
profiter. «

Il dit , & tous les Princes firent
le ferment qu'il demandoit, aprés
quoy Telemaque dit : Eftranger, fi «
vous avez le courage d'entrepren- «
dre ce combat, ne craignez aucun «
des Grecs, car celuy qui mettroit «

» la main fur vous, attireroit fur luy
» tous les autres ; je vous prends fous
» ma protection comme mon hofte,
» & je fuis feur que les deux Roys
» Antinoüs & Eurymaque , tous
» deux auffi fages que braves, feront
» pour moy.

Tous les Princes applaudirent
au difcours de Telemaque. Alors
Ulyffe fe dépoüilla, quitta fes haillons & en mit une partie devant
luy. On vit avec eftonnement fes
cuiffes fortes & nerveufes , fes efpaules quarrées, fa poitrine large,
fes bras forts comme l'airain. Minerve, qui fe tenoit prés de luy, le
faifoit paroiftre encore plus grand
& plus robufte. Tous les Princes,
malgré leur fierté, en eftoient dans
l'admiration, & il y en eut quel-
ques-uns qui dirent à ceux qui ef-
» toient prés d'eux, Voilà Irus qui
» ne fera plus de meffage, il s'eft at-
» tiré fon malheur. Quelle force &
» quelle vigueur dans fon adverfaire !

il n'y a point d'athlete qui puisse «
luy estre comparé. «

Irus en le voyant sentit son courage abattu, mais malgré ses frayeurs les domestiques des Princes le menerent sur le champ de bataille, aprés l'avoir dépoüillé & ceint d'un linge ; on le voyoit trembler de tous ses membres. Antinoüs en colere de voir tant d'insolence avec tant de lascheté, le tança rudement, & luy dit : Misera- «
ble, indigne de vivre, tu méprisois «
tant cet estranger, & presentement «
tout accablé qu'il est de misere & «
d'années, sa seule vûë te fait trem- «
bler. Je te déclare que si tu te lais- «
ses vaincre, je te jetteray dans un «
vaisseau, & je t'envoyeray en Epire «
au Roy Echetus, le plus cruel de «
tous les hommes, qui te fera cou- «
per le nez & les oreilles, & te re- «
tiendra dans une dure captivité. «

Cette menace augmenta encore sa frayeur & diminua ses forces.

On le mena au milieu de l'assemblée. Quand les deux champions
furent en presence, ils leverent les
bras pour se charger. Ulysse déli-
bera en luy-mesme s'il l'estendroit
mort à ses pieds du premier coup,
ou s'il se contenteroit de le jetter
à terre, & il prit ce dernier parti,
comme le meilleur, dans la pensée
que l'autre pourroit donner quelque soubçon aux Princes & le découvrir. Les voilà donc aux pri-
ses; Irus décharge un grand coup
de poing sur l'espaule droite d'U-
lysse, & Ulysse le frappe au haut
du cou sous l'oreille avec tant de
force, qu'il luy brise la machoire &
l'estend à terre; le sang sort à gros
boüillons de sa bouche avec les
dents, & il ne fait que se débat-
tre sur la poussiere. Les Poursuivants, pleins d'admiration, levent
les mains avec de grands cris & de
grandes risées. Mais Ulysse prenant son ennemi, le traisne par les

pieds hors des portiques & de la
baſſe-cour, & le faiſant aſſeoir en
dehors prés de la porte, il luy met
un baſton à la main, & luy dit:
Demeure-là, mon ami, pour gar- «
der cette porte, & ne t'aviſe plus, «
toy qui es le dernier des hommes, «
de traiter les eſtrangers & les men- «
dians comme ſi tu eſtois leur Roy, «
de peur qu'il ne t'arrive pis encore. «

Aprés avoir ainſi parlé, il va re-
prendre ſa beſace & ſe remettre à
la porte dont Irus avoit voulu ſe
chaſſer. Les Princes entrent, & le
felicitant de ſa victoire, ils luy diſent: Eſtranger, que Jupiter & «
tous les autres Dieux vous accor- «
dent tout ce que vous deſirez & «
qui peut vous eſtre agréable pour «
la bonne action que vous avez faite «
de délivrer cette ville de ce men- «
diant, que rien ne peut raſſaſier. «
Car nous allons bientoſt l'envoyer «
en Epire au Roy Echetus, qui n'eſt «
pas accoutumé à bien traiter ceux «

» qui tombent entre ſes mains.

Ulyſſe fut ravi d'entendre ces ſouhaits de la bouche des Pourſuivants, & en tira un bon augure. Antinoüs met devant luy en meſme temps le ventre d'une victime farci de graiſſe & de ſang & fort bien roſti. Amphinome luy ſert deux pains qu'il tire d'une corbeille, & luy preſentant une coupe » d'or pleine de vin, il luy dit : Ge-» nereux eſtranger, qui venez de » montrer tant de force & tant de » courage, puiſſiez-vous eſtre heu-» reux, & qu'à l'avenir vous vous » voyiez auſſi comblé de richeſſes, » que vous eſtes preſentement acca-» blé de miſere & de pauvreté.

Ulyſſe touché de ſa politeſſe, » luy répondit : Amphinome, vous » eſtes fils d'un pere dont la réputa-» tion eſt venuë juſqu'à moy; la gloi-» re, la valeur, les richeſſes & la ſa-» geſſe de Niſus qui regnoit dans » l'iſle de Dulichium me ſont con-

nuës, & je voy que vous n'avez pas «
dégeneré, car vous me paroiffez «
prudent & fage. C'eft pourquoy je «
ne feray pas difficulté de vous dire «
ma penfée, je vous prie de l'enten- «
dre & de vous en fouvenir. De «
tous les animaux qui refpirent ou «
qui rampent fur la terre, le plus «
foible & le plus miferable, c'eft «
l'homme; pendant qu'il eft dans la «
force de l'âge, & que les Dieux en- «
tretiennent le cours de fa profpe- «
rité, il eft plein de préfomption & «
d'infolence, & il croit qu'il ne fçau- «
roit luy arriver aucun mal. Et lorf- «
que ces mefmes Dieux le précipi- «
tent de cet eftat heureux dans les «
malheurs qu'il a meritez par fes in- «
juftices, il fouffre ce revers, mais «
avec un efprit de revolte & d'un «
courage forcé, & ce n'eft que pe- «
titeffe, que baffeffe; car l'efprit de «
l'homme eft toujours tel que font «
les jours qu'il plaift au pere des «
Dieux & des hommes de luy en- «

» voyer. Moy - mesme, j'estois né
» pour estre heureux ; je me suis ou-
» blié dans cet estat, & j'ay commis
» beaucoup de violences & d'injusti-
» ces , me laissant emporter à mon
» naturel altier & superbe , & me
» prévalant de l'autorité de mon pe-
» re & de l'appuy de mes freres ; vous
» voyez l'estat où je suis réduit. C'est
» pourquoy j'exhorte tout homme à
» n'estre jamais ni emporté ni injus-
» te, & à recevoir avec humilité &
» dans un respectueux silence tout
» ce qu'il plaist aux Dieux de luy
» départir. Je voy les Poursuivants
» commettre icy des excés indignes,
» en consumant les biens & en man-
» quant de respect à la femme d'un
» homme qui, je pense, ne sera pas
» long-temps éloigné de ses amis &
» de sa patrie, & qui en est desja bien
» prés. Je souhaite de tout mon
» cœur, mon cher Amphinome, que
» Dieu vous remene dans vostre mai-
» son, en vous retirant du danger qui

les menace, & que vous ne vous «
trouviez pas devant luy quand il «
fera de retour ; car je ne croy pas «
que dés qu'il fera une fois entré «
dans fon Palais, les Pourfuivants «
& luy fe feparent fans qu'il y ait «
du fang répandu. «

En finiffant ces mots il fit fes libations, but le refte & luy remit la
coupe entre les mains. Ce Prince
rentra dans la falle le cœur plein de
trifteffe & fecoüant la tefte, comme
préfageant desja le malheur qui
luy devoit arriver. Mais malgré ces
avis & fon preffentiment, il ne put
éviter fa deftinée ; Minerve l'arref-
ta pour le faire tomber fous les
coups de Telemaque. Il fe remit
donc à table fur le mefme fiege
qu'il avoit quitté.

Dans ce mefme moment Mi-
nerve infpira à la fille d'Icarius, à
la fage Penelope, le deffein de fe
montrer aux Pourfuivants, afin
qu'elle les amufaft encore de vaines

esperances, & qu'elle fuſt plus honorée de ſon fils & de ſon mary
qu'elle n'avoit jamais eſté. Elle ap-
pella Eurynome, & avec un ſouſrire qui n'effaceoit pas la triſteſſe
peinte dans ſes yeux, elle luy dit :
» Ma chere Eurynome, voicy un
» nouveau deſſein qui vous ſurpren-
» dra ſans doute ; j'ay réſolu de
» me faire voir aux Pourſuivants,
» quoyqu'ils me ſoient toujours plus
» odieux. Je trouveray peut-eſtre
» moyen de donner à mon fils un
» avis utile, c'eſt de ne ſe point tant
» meſler avec ces hommes inſolents
» & injuſtes, dont les diſcours ne ſont
» que douceur, mais dont le cœur
» eſt plein de fiel & de perfidie.

» Ce deſſein eſt tres ſage, repartit
» Eurynome. Allez donc, ma chere
» Penelope, allez donner à voſtre fils
» les avis dont il a beſoin. Mais au-
» paravant entrez dans le bain, &
» redonnez à voſtre viſage, par des
» couleurs empruntées, l'eſclat que

vos afflictions ont terni, & n'allez «
point vous prefenter le vifage tout «
baigné de larmes ; rien n'eft fi con- «
traire à la beauté que de pleurer «
toujours. D'ailleurs je vous prie de «
vous fouvenir que voftre fils eft «
desja dans l'âge où vous avez tant «
demandé aux Dieux de le voir, «
c'eft un homme fait. «

Ah, Eurynome, répondit la fa- «
ge Penelope, que le foin que vous «
avez de moy, & la part que vous «
prenez à mes douleurs ne vous por- «
tent pas à me confeiller de me bai- «
gner, & d'emprunter le fecours de «
l'art pour rappeller ma beauté des- «
ja effacée. Les Dieux immortels «
m'ont ravi le foin de m'embellir & «
de me parer depuis le jour fatal «
que mon cher mary s'eft embarqué «
pour Troye. Mais faites venir mes «
femmes , Autonoë & Hippoda- «
mie, afin qu'elles m'accompagnent, «
car je n'iray pas feule me prefenter «
devant ces Princes ; la bienféance «

» ne le permet pas. En mesme temps
Eurynome sort de l'appartement
de la Reyne pour aller donner l'ordre à ses femmes & les faire venir.

Cependant Minerve, qui vouloit relever la beauté de Penelope,
s'avisa de ce moyen pour le faire
sans sa participation. Elle luy envoya un doux sommeil qui s'em-
para de tous ses sens ; elle s'endort
à l'instant sur son siege mesme, &
alors la Déesse luy fit ses dons les
plus esclatants, afin que les Grecs
fussent encore plus éblouïs de ses
charmes. Premierement elle se ser-
vit pour son beau visage d'un fard
immortel, du mesme dont la charmante Cytherée se sert quand elle
se prépare pour aller danser avec
les Graces ; elle la fit ensuite paroistre plus grande & plus majes-
tueuse, luy rendit tout son embon-
point, & luy donna une blancheur
qui effaceoit celle de l'yvoire.

Aprés l'avoir rendu si belle, la

Déeſſe ſe retira, & les femmes de la Reyne entrerent dans ſon appartement en parlant à haute voix. Ce bruit éveilla Penelope, qui ſe frotant les yeux, s'eſcria, Helas, « un doux aſſoupiſſement eſt venu « ſuſpendre un moment mes cruelles « inquietudes. Pluſt aux Dieux que « la chaſte Diane m'envoyaſt tout à « l'heure une mort auſſi douce, afin « que je ne fuſſe plus réduite à paſſer « ma vie dans les larmes & dans la « douleur, ſoupirant toujours pour « la mort, ou pour l'abſence d'un « mary qui par ſes rares qualitez & « par ſes vertus eſtoit au deſſus de « tous les Princes de la Grece. «

En finiſſant ces mots elle deſcendit de ſon appartement ſuivie de deux de ſes femmes. En arrivant dans la ſalle où eſtoient les Princes, elle s'arreſta ſur le ſeüil de la porte, le viſage couvert d'un voile, & ayant ſes deux femmes à ſes deux coſtez. Les Princes ne la

voyent pas pluſtoſt, que ravis &
comme en extaſe, ils n'eurent ni
force ni mouvement, car l'amour
lioit toutes les puiſſances de leur
ame. Le deſir de l'eſpouſer ſe re-
veille en eux avec plus de fureur.

    La Reyne adreſſe d'abord la pa-
» role à Telemaque, & luy dit : Mon
» fils, vous manquez bien de coura-
» ge & de conduite. Quand vous
» n'eſtiez encore qu'enfant, vous eſ-
» tiez plus fier, plus hardi, & vous
» connoiſſiez mieux ce que vous vous
» devez à vous-meſme. Aujourd'huy
» que vous eſtes homme fait, & que
» les eſtrangers à voir voſtre bonne
» mine & voſtre belle taille vous
» prendroient pour un homme har-
» dy & pour le fils de quelque grand
» Prince, vous ne faites voir ni fierté
» ni bienſéance ni courage. Quelle
» indigne action venez vous de ſouf-
» frir dans voſtre Palais! Vous avez
» ſouffert qu'on ait ainſi maltraité
» voſtre hoſte en voſtre preſence !

Que pensera-t-on de vous ! si un «
estranger à qui vous avez accordé «
vostre protection & donné vostre «
Palais pour asyle, est traité si indi- «
gnement, l'affront en retombe tout «
entier sur vous, & vous estes des- «
honnoré parmi les hommes. «

Le prudent Telemaque luy répondit : Ma mere, je ne sçaurois «
trouver mauvais les reproches que «
vous me faites, quoyque je ne les «
merite pas. J'ay le cœur assez bien «
fait pour estre frappé des bonnes «
actions & des mauvaises, & je n'ay «
jamais si-bien connu toute l'esten- «
duë de mes devoirs que je la con- «
nois presentement ; mais je ne puis «
faire tout ce que je voudrois, car «
tous les Poursuivants, dont je sçay «
les mauvais desseins, m'estonnent ; «
je me voy seul au milieu d'eux sans «
aucun secours. Pour ce qui est du «
démeslé de mon hoste avec Irus, il «
n'est nullement arrivé par la faute «
des Princes, & l'estranger, bien- «

» loin d'avoir esté maltraité, a esté le
» plus fort ; plust à Jupiter, à Apol-
» lon & à Minerve que tous les
» Poursuivants fussent aussi foibles
» & aussi abatus que l'est presente-
» ment Irus à la porte de la basse-
» cour ! il peut à peine se soutenir,
» & n'est point en estat de s'en retour-
» ner chez luy, car tous ses membres
» sont disloquez, à peine peut-il por-
» ter sa teste.

Pendant que Penelope & son
fils s'entretenoient ainsi, Eurymaque s'approche, & adressant la pa-
» role à la Reyne, il dit : Sage Pene-
» lope, si tous les peuples, qui sont
» répandus dans tout le pays d'Ar-
» gos, avoient le bonheur de vous
» voir, vous auriez demain dans vos-
» tre Palais un plus grand nombre
» de Poursuivants, car il n'y a point
» de femme qui vous soit compara-
» ble ni en beauté, ni en belle taille,
» ni en sagesse, ni dans toutes les
» qualitez de l'esprit.

Eurymaque,

Eurymaque, répond Penelope, «
ne me parlez ni de mes belles qua- «
litez, ni de ma beauté, ni de ma «
belle taille. Les Dieux m'ont en- «
levé tous ces avantages le jour mef- «
me que les Grecs fe font embar- «
quez pour Ilion, & que mon cher «
Ulyffe les a fuivis. S'il revenoit «
dans fa maifon, ma gloire en feroit «
plus grande, & ce feroit-là toute «
ma beauté. Prefentement je fuis «
dans une douleur qui m'accable, «
car rien n'égale les maux dont il a «
plû à Dieu de m'affliger. Quand «
Ulyffe me quitta & me dit les der- «
niers adieux, il mit ma main dans «
la fienne & me parla en ces termes, «
qui feront toujours gravez dans «
mon fouvenir : *Ma femme, je ne* «
croy pas que tous les Grecs qui vont «
à Troye reviennent de cette expedi- «
tion, car on dit que les Troyens font «
très vaillants, qu'ils fçavent lancer «
le javelot, fe battre de pied ferme, «
& bien mener la cavalerie, ce qui «

» décide ordinairement de l'avantage
» des combats. C'est pourquoy je ne
» sçay si Dieu me fera eschapper aux
» dangers de cette guerre, ou si j'y
» periray. Ayez soin de mes Estats &
» de ma maison ; souvenez-vous sur-
» tout de mon pere & de ma mere, qui
» vont estre accablez d'affliction ; te-
» moignez-leur toujours la mesme ten-
» dresse, ou une plus grande encore
» parce que je seray absent, & lors-
» que vous verrez nostre fils en âge de
» me succeder, rendez-luy ses Estats,
» choisissez pour vostre mary le Prince
» qui vous paroistra le plus digne de
» vous, & quittez ce Palais. C'est
» ainsi qu'il me parla, & me voilà
» sur le point d'executer ses derniers
» ordres. Je voy approcher le jour,
» ou plustost la nuit fatale qui doit
» allumer le flambeau de l'odieux &
» du funeste hymen de la plus mal-
» heureuse de toutes les Princesses.
» Et ce qui augmente encore mes
» déplaisirs, c'est de voir qu'on viole

icy les loix & les coutumes les plus «
generalement receües ; car tous «
ceux qui recherchent en mariage «
une femme confiderable & de bon- «
ne maison, & qui la difputent en- «
tre eux, font venir de chez eux les «
bœufs & les moutons pour les fa- «
crifices & pour la table des amis de «
leur maiftreffe, & font tous les «
jours de nouveaux prefens, bien- «
loin de diffiper & de confumer le «
bien de celle qu'ils aiment, & de «
luy faire la cour à fes dépens. «

Ulyffe fut ravi d'entendre le
difcours de la Reyne, & de voir
que par ce moyen elle alloit leur
arracher beaucoup de prefens. C'eft
ainfi que cette Princeffe les amu-
foit par de belles paroles, qui n'eftoient nullement les interpretes des
fentiments de fon cœur.

Le fils d'Eupithes, Antinoüs,
s'approchant d'elle, luy dit, Sage «
Penelope, vous pouvez recevoir «
tous les prefens que ces Princes «

» voudront vous faire, car il est de
» la coutume & de la bienséance de
» les accepter. Mais je vous déclare
» que tous tant que nous sommes
» icy, nous ne nous en retournerons
» point dans nos maisons, & que
» nous ne partirons point de vostre
» Palais que vous n'ayez choisi pour
» vostre mary le plus brave de la
» troupe.

Le discours d'Antinoüs plut à
tous les Princes. Ils envoyerent
chacun chez eux un heraut pour
apporter des presens. Celuy d'Antinoüs luy apporta un grand manteau tres magnifique dont la broderie estoit admirable & les couleurs nüées avec beaucoup d'intelligence & d'art ; il avoit douze agraffes d'or parfaitement bien travaillées. Celuy d'Eurymaque apporta des brasselets d'or & d'ambre qui brilloient comme le soleil.
Deux esclaves d'Eurydamas luy apporterent des pendants d'oreille

à trois pendeloques, d'une beauté
charmante & d'un travail exquis.
Celuy de Pifandre, fils du Roy
Polyctor, luy apporta un collier
parfaitement beau & d'un orne-
ment admirable. On apporta de
mefme à tous les autres Princes
toutes fortes de bijoux tres précieux.

La Reyne s'en retourna dans
fon appartement fuivie de fes deux
femmes qui portoient les prefens
qu'elle avoit receus, & les Pourfuivants pafferent le refte de la journée dans les plaifirs de la danfe &
de la mufique.

L'eftoile du foir les furprit dans
ces divertiffements. Ils placerent
dans la falle trois brafiers pour ef-
clairer, & les remplirent d'un bois
odoriferant qui eftoit fec depuis
long-temps & qui ne venoit que
d'eftre fcié. Ils allumerent d'efpace
en efpace des torches, & les femmes du Palais d'Ulyffe efclairoient

tour à tour. Ulyſſe choqué de cette conduite, adreſſa la parole à ces
» femmes, & leur dit : Femmes de
» Penelope, retournez-vous-en dans
» l'appartement de voſtre maiſtreſſe,
» & allez la divertir en travaillant
» auprés d'elle à filer ou à préparer
» des laines. Je m'offre à eſclairer les
» Princes à voſtre place; quand meſ-
» me ils voudroient paſſer icy la nuit
» & attendre le retour de l'Aurore,
» je vous aſſeure qu'ils ne me laſſe-
» ront point, car je ſuis accoutumé
» à la patience.

Il dit, & ces femmes ſe mirent à rire & à ſe regarder. La belle Melantho, fille de Dolius, que Penelope avoit priſe toute jeune & qu'elle avoit élevée comme ſa propre fille, en luy donnant tous les plaiſirs que demandoit ſon âge, & qui bien-loin d'eſtre touchée de reconnoiſſance & de partager les déplaiſirs de ſa maiſtreſſe, ne cher-choit qu'à ſe divertir, & avoit un

commerce criminel avec Eurymaque , répondit à Ulysse tres info-
lemment : Malheureux vagabond, «
luy dit-elle, on voit bien que tu as «
l'esprit tourné : au lieu d'aller dor- «
mir dans quelque forge ou dans «
quelque réduit, tu t'amuses à jaser «
icy avec audace au milieu de tous «
ces Princes , & tu ne crains rien ; «
est-ce que tu as bû, ou que c'est ta «
coutume de parler impertinem- «
ment ? Te voilà transporté de joye «
d'avoir vaincu ce gueux d'Irus, «
mais prends garde que quelqu'un, «
plus vaillant que luy, ne se leve «
contre toy & ne te chasse de ce Pa- «
lais aprés t'avoir cassé la teste & mis «
tout en sang. «

Ulysse jettant sur elle des re-
gards terribles, Malheureuse, luy «
dit-il, je vais bien-tost rapporter à «
Telemaque les beaux discours que «
tu tiens, afin qu'il te traite comme «
tu le merites. «

Cette menace espouventa ces

femmes : elles commencerent à se retirer, tremblant de peur, car elles voyoient bien qu'il ne les espargneroit pas, & que leur conduite n'estoit pas bonne.

Cependant Ulysse se tenoit prés des brasiers pour esclairer ces Princes & pour les mieux considerer, pensant toujours aux moyens d'executer ce qu'il méditoit. Minerve ne souffroit pas que les Poursuivants cessassent leurs brocards & leurs insultes, afin qu'Ulysse en souffrist davantage , & qu'il fust penetré d'une plus vive douleur.

Eurymaque , fils de Polybe, commença le premier pour faire ri-
» re ses compagnons : Poursuivants
» de la plus vertueuse des Reynes,
» leur dit-il , escoutez ce que j'ay à
» vous dire : Ce n'est pas sans quel-
» que providence particuliere des
» Dieux sur nous que cet estranger
» est venu dans la maison d'Ulysse,
» car sa teste chauve peut nous servir

de falot. Mon ami, luy dit-il, veux «
tu entrer à mon fervice, je t'en- «
voyeray à ma campagne où tu au- «
ras foin de raccommoder les hayes «
& de planter des arbres. Tu feras «
bien nourri, bien veftu, bien chauf- «
fé, & tu auras de bons gages. Mais «
tu es fi accoutumé à la fainéantife, «
que tu ne voudrois pas aller tra- «
vailler, & que tu aimes bien mieux «
gueufer par la ville & vivre dans «
l'oyfiveté en fatisfaifant ta glou- «
tonnerie, que de gagner ta vie à la «
fueur de ton front. «

Le prudent Ulyffe luy répon- «
dit : Eurymaque, fi nous avions «
tous deux à travailler pour voir «
qui de vous ou de moy feroit le «
plus d'ouvrage à jeun dans un des «
plus longs jours d'efté, & que dans «
une grande prairie on nous mift la «
faucille à la main, ou que dans une «
grande piece de terre on nous don- «
naft à chacun une bonne charruë at- «
telée de bons bœufs jeunes, grands, «

» bien égaux & bien nourris, vous
» verriez bien-tost de mon costé cet-
» te prairie rase & l'herbe par terre,
» & ce champ profondément labou-
» ré & les sillons bien droits & bien
» tracez. Que s'il plaisoit à Jupiter
» d'exciter aujourd'huy par quelque
» endroit dans cette isle une sanglan-
» te guerre, & qu'on me donnast un
» bouclier, une espée, un casque &
» deux javelots, vous me verriez me
» jetter des premiers au milieu des
» ennemis, & vous n'oseriez m'accu-
» ser de fainéantise & de gloutonne-
» rie. Mais vous aimez à insulter les
» gens, & vous avez un esprit dur
» & intraitable. Vous vous croyez
» un grand personnage & un vaillant
» homme, parce que vous estes ren-
» fermé icy avec peu de monde, &
» que vous ne voyez autour de vous
» que des hommes qui n'ont ni for-
» ce ni courage & qui ne valent pas
» mieux que vous. Mais si Ulysse re-
» venoit dans son Palais, ces portes,

quelque larges qu'elles foient, vous «
paroiftroient bien-toft trop eftroi- «
tes pour voftre fuite.　　　　　　 «

Eurymaque piqué jufqu'au vif
de ce reproche , regarda Ulyffe
d'un œil farouche , & luy dit :
Miferable, tu vas recevoir le chaf- «
timent de l'infolence avec laquelle «
tu parles au milieu de tant de Prin- «
ces fans craindre leur reffentiment. «
Il faut ou que le vin t'ait troublé «
la raifon, ou que tu fois naturelle- «
ment infenfé , ou que la belle vic- «
toire que tu viens de remporter fur «
ce gueux d'Irus, à force de te rem- «
plir d'orgüeil, t'ait renverfé la cer- «
velle. En achevant ces mots il «
prend un marchepied qu'il luy jette à la tefte ; Ulyffe pour l'éviter
fe courbe fur les genoux d'Amphinome, & le marchepied pouffé avec
beaucoup de force, va frapper l'ef-
chanfon à l'efpaule droite ; l'aiguie-
re, qu'il tient à la main , tombe
avec beaucoup de bruit , & il eft

renversé par terre, temoignant par ses plaintes la douleur qu'il ressent.

En mesme temps les Poursuivants se levent & font un grand tumulte dans la salle, & se disent » les uns aux autres, Plust aux Dieux » que ce vagabond fust mort avant » que d'arriver dans cette isle, il » n'auroit pas causé tant de desordre » dans ce Palais ! nous ne faisons que » nous quereller pour ce miserable. » Il n'y aura plus moyen de gouter » le plaisirs de la table, puisque la » division regne ainsi parmi nous.

Alors Telemaque prenant la pa-» role, dit : Princes, vous avez per-» du l'esprit, & vous ne pouvez plus » cacher les excés que vous venez de » faire, car vous découvrez trop vi-» siblement les sentiments de vostre » cœur. Il n'en faut pas douter, c'est » quelque Dieu qui vous excite. » Mais si vous m'en croyez, vous » quitterez la table pour aller vous

coucher ; vous en avez grand be- «
soin : je ne contrains pourtant per- «
sonne. «

Tous les Princes gardent le silence, & ne peuvent assez admirer
la hardiesse de Telemaque de leur
parler avec cette autorité. Enfin
le sage Amphinome, fils de Nisus
& petit-fils du Roy Aretius, leur
dit : Mes amis, qu'aucun de vous «
ne s'emporte & ne cherche à re- «
pousser des reproches qui sont jus- «
tes & que nous meritons. Ne mal- «
traitez point cet estranger, ni au- «
cun des domestiques d'Ulysse. Mais «
que l'eschanson nous presente des «
coupes, afin que nous fassions les «
libations & que nous allions nous «
coucher. Laissons cet estranger «
dans le Palais d'Ulysse ; il est juste «
que Telemaque en ait soin puis- «
qu'il est son hoste. «

Ce discours fut gouté de toute
l'assemblée. Le heraut Mulius de
Dulichium, qui estoit au service

d'Amphinome , leur prefenta le
vin à la ronde ; ils firent les libations , vuiderent les coupes , &
quand ils eurent beu, ils fe retirerent chacun dans leurs maifons.

REMARQUES

SUR

L'ODYSSEE D'HOMERE.

LIVRE XVIII.

Page 149. *E*Umée *eſtoit à peine parti, qu'on vit ſe preſenter à la porte du Palais un mendiant*] Voicy un nouvel épiſode fort divertiſſant & fort heureuſement imaginé. Tout ce qu'Ulyſſe a ſouffert juſqu'icy, tous les mauvais traitements qu'il a eſſuyez de la part des Princes, ne ſuffiſoient pas pour exercer ſa patience, il falloit que cette patience fuſt miſe à la derniere des eſpreuves, qui eſt d'eſtre commis avec un mendiant de profeſſion, & d'avoir à diſputer contre luy, non pas la porte entiere de ſon Palais, mais une place à cette porte. Peut on rien imaginer de plus mortifiant, & a-t'-on jamais vû un jeu plus inſolent de la fortune? Cet épiſode a pourtant bien déplû à l'Auteur du Parallele: en quoy il a donné à ſon ordinaire une grande marque de la ſolidité de ſon jugement.

Et qui par une horrible gloutonnerie s'eſ-

toit rendu fort celebre, car il mangeoit tou-jours & estoit toujours affamé] Ce qu'Homere dit icy rappelle ce qu'on voit souvent dans les villes capitales, & sur-tout dans les cours des Princes, on y voit des gueux s'introduire, s'accrediter, s'establir par des talents aussi affreux qu'extraordinaires, & faire une plus grande fortune que Socrate ne feroit s'il revenoit avec toute sa sagesse.

Son veritable nom estoit Arnée] Car il faut bien sçavoir le veritable nom de ce champion. Ce nom luy fut donné par une espece de prophetie de la gloutonnerie qui le distingueroit, car il fut nommé Arnée, ἀπὸ τῶν ἀρνῶν, à cause des moutons & des agneaux qu'il devoit devorer quand il seroit en âge.

Sa mere le luy avoit donné dès sa naissance] Il paroist par ce passage que dans ces temps-là les meres imposoient les noms à leurs enfants, mais c'estoit sans doute de concert avec leurs marys. C'est sur cela qu'est fondée dans les nuées d'Aristophane la dispute de Strepsiade avec sa femme sur le nom qu'il falloit donner à leur fils. La mere, qui estoit noble & glorieuse, vouloit de grands noms où il entrast de la chevalerie, & le pere, qui estoit un bon villageois, vouloit des noms simples où il entrast de l'espargne; enfin ils s'accorderent en donnant le nom de *Phidippide* qui tenoit des deux, & de l'espargne & de la chevalerie. *Act. 1. sc. 1.*

*Mais les jeunes gens de la ville l'appel-
loient Irus, parce qu'il faisoit tous les messages dont on le chargeoit*] Rien de nouveau
sous le soleil ; voicy dans ces anciens temps
un gueux qui servoit à des commerces qui
n'estoient pas fort honnestes, & qui faisoit
tous les messages dont les jeunes gens le
chargeoient, messages dont on a dans tous
les temps chargé de semblables canailles, qui
sont d'autant plus utiles, qu'on s'en deffie
moins. Ce gueux estoit donc appellé *Irus,*
c'est à dire, *messager,* comme la messagere
des Dieux estoit appellée *Iris,* du mot ἰρεῖν
pour ἔρειν, qui signifie *porter la parole, parler.* Hesych. ἰρῶ, εἴρω, λέγω. Ἴρος, ἀπαγγέλ-
λων. Ἴεις, ἄγγελος.

Page 150. *Il voulut chasser Ulysse de son
poste*] Car la porte d'un Palais, où tant de
Princes vivoient avec tant de profusion &
faisoient tous les jours des repas si magnifiques, estoit un poste bien considerable pour
un gueux, c'estoit un Royaume. Et nous
voyons tous les jours que les gueux ne souf-
frent pas que les estrangers viennent partager un poste comme celuy-là.

Cette porte peut suffire à nous deux] Voilà
un grand mot si les hommes vouloient bien
l'entendre, ils seroient heureux, mais insen-
sez qu'ils sont, ils ne comprennent point,
comme dit Hesiode, *Combien la moitié est
au dessus du tout?*

Νήπιοι, οὐδ᾽ ἴσασιν ὅσῳ πλέον ἥμισυ παντός.

Page 151. *Il reſſemble tout à fait à une vieille ratatinée*] Le mot Grec καμινὼ eſt expliqué diverſement. Les uns diſent qu'il ſignifie une vieille enfumée, qui eſt toujours ſur les tiſons. Les autres, une vieille inceſſamment occupée à roſtir l'orge pour le faire moudre ; & les autres enfin, une vieille ridée & ſéche & qui n'a plus la force de ſe ſoutenir. On peut voir Heſychius. Je l'ay pris dans le dernier ſens.

Je luy feray ſauter les dents des machoiaes, comme à une beſte qui fait le dégaſt dans les terres d'un voiſin] Euſtathe rapporte que chez les Cypriens il y avoit une loy qui permettoit à celuy qui trouvoit dans ſon champ la beſte de ſon voiſin, de la prendre & de luy arracher les dents. Mais ce paſſage fait voir que cette loy eſtoit plus generale, & qu'elle eſtoit ailleurs qu'à Cypre.

Deshabille-toy, ceins-toy d'un linge] Nous avons vû dans le XXIII. Liv. de l'Iliade, que Diomede met autour des reins d'Euryale un linge pour cacher ſa nudité dans le combat de la lutte où il alloit entrer contre Epée. On peut voir-là la Remarque, tom. 3. pag. 584.

Page 152. *Voilà les ventres des victimes qu'on fait roſtir*] Les Anciens faiſoient grand cas des ventres farcis de graiſſe & de ſang. Il en eſt parlé dans les nuées d'Ariſtophane,

& j'en parleray plus au long dans une Remarque sur le xx. Liv.

Page 153. *Un vieillard comme moy, accablé de calamité & de misere, ne devroit pas entrer en lice*] Il dit cecy en se mocquant de ce qu'Irus luy a dit : *Mais vieux comme tu es comment soutiendras-tu un adversaire de mon âge !*

Mais au moins promettez-moy, & avec serment, qu'aucun de vous pour favoriser Irus] Cette précaution estoit necessaire, car Ulysse avoit à craindre que les Princes ne voulussent favoriser le mendiant domestique aux dépens du mendiant estranger. Ulysse ne manque à rien de ce que la prudence demande : mais d'ailleurs cela est plaisant de voir que pour le combat de deux gueux, on observe les mesmes formalitez que pour le combat de deux heros.

Page 154. *Et je suis seur que les deux Roys, Antinoüs & Eurymaque*] Par ces traits de flatterie Telemaque veut mettre ces deux Princes dans les interests d'Ulysse.

Voilà Irus qui ne fera plus de message] C'est le sens de ces deux mots, Ἴρος ἄϊρος. Irus ne sera plus Irus.

Page 155. *Miserable, indigne de vivre*] L'expression Greque est remarquable. On a explique mot à mot, *Plust à Dieu que tu ne fusses point, & puisses-tu ne jamais naistre.* Et on a crû qu'Homere avoit pensé au

retour des ames à la vie aprés la mort, car
on a expliqué ce vers comme s'il difoit, *que
tu ne fuſſes jamais né, & que ton ame ne
revienne jamais animer un autre corps.* Mais
je croy que c'eſt une penſée qu'Homere n'a
jamais eüe, & que ce vers doit eſtre expliqué ſimplement, *Pluſt à Dieu que tu fuſſes
mort, ou que tu ne fuſſes jamais né.* Impré-
cation fort uſitée dans la colere.

*Et je t'envoyeray en Epire au Roy Eche-
tus, le plus cruel de tous les hommes*] On
prétend qu'il y avoit alors en Epire un Roy
nommé Echetus, fils d'Euchenor & de
Phlogée, qui eſtoit le plus cruel de tous les
hommes. Et pour marque de ſa cruauté on
rapporte que ſa fille s'eſtant laiſſé corrom-
pre, il luy creva les yeux, & la condamna à
moudre toute ſa vie des grains d'orge qu'il
avoit fait faire, & ayant appellé le corrup-
teur à un feſtin, il luy coupa les extremitez
de toutes les parties du corps. Mais comme
nulle part ailleurs il n'eſt fait mention de
ce prétendu Roy, & qu'il n'y a nulle apparence que s'il y en avoit eu un de ce naturel, les Hiſtoriens Grecs n'en euſſent pas
parlé, il vaut mieux adjouter foy à la Tra-
dition, qui nous apprend que cet Echetus
eſtoit un contemporain d'Homere, & que
ce Poëte ayant eu quelque ſujet de ſe plaindre de luy, ſe vengea par cette ſatire, en le
placeant dans ſon Poëme comme un monſ-

tre auquel on envoyoit tous ceux qu'on vouloit faire feverement punir. On fçait que les Poëtes & les Peintres ont fouvent pris de ces fortes de vengeances.

Page 156. *Dans la penfée que l'autre pourroit donner quelque foupçon aux Princes & le découvrir*] C'eft le fens de ce mot, ἵνα μή μιν ἐπιφραϲϲαιατ' Ἀχαιοί. *Ut ne ipfum intelligerent Achivi.* De peur qu'à un coup, qui ne pouvoit partir que de la main d'un heros, ils ne le reconnuffent pour ce qu'il eftoit. Comme dit fort bien Euftathe, Τεκμηραμενοι δηλαδη τον ανδρα ἐκ της ουτω βειαρᾶς ἐλάσιως. *Interpretantes fcilicet virum ex tam violenti plaga.* Devinant l'homme fur un coup fi violent.

Avec de grands cris & de grandes rifées] Il y a dans le Grec, *Et les Princes levant les mains au ciel, mouroient de rire*, γέλω ἔκθανον, expreffion qui a paffé dans noftre langue, qui dit auffi *mourir de rire*, & *faire mourir de rire.*

Page 157. *Et le faifant affeoir en dehors prés de la porte*] Ce n'eft pas prés de la porte qu'ils avoient difputée, mais prés de la porte de la baffe-cour, où il l'eftablit pour chaffer les chiens & les pourceaux.

Comme fi tu eftois leur Roy] Leur chef, κοίρανος. Cela eft fondé fur ce que les gueux fe choififfent pour l'ordinaire un chef auquel ils obéïffent, & qui les diftribuë par tout comme il luy plaiſt.

De ce mendiant que rien ne peut raſſaſier]
Τὸν ἄναλτον, comme dans le Liv. précedent,
ϳαϛερ᾽ ἄναλτον, *un ventre que rien ne peut rem-*
plir. Heſychius l'a bien expliqué : Ἄναλτον,
dit-il, ἄναυξες, τουτέϛιν ἰκανὸν ἢ ἀπλήρωτον
παρὰ τῶ ἅλον. On voit que le mot ἰκανον
eſt corrompu, mon pere corrigeoit ἰϗνὸν.
Le mot ἄναλτον *ſignifie qui ne croiſt point,*
c'eſt à dire, maigre, ſec, ou qu'on ne peut
remplir.

Page 159. *C'eſt pourquoy je ne feray pas*
difficulté de vous dire ma penſée, je vous prie
de l'entendre & de vous en ſouvenir] Ulyſſe
touché du proceder honneſte d'Amphinome, eſt ſaiſi de compaſſion pour luy, & il
voudroit bien le ſauver. C'eſt pourquoy il
luy fait icy une trés bonne leçon, en déplo-
rant en general l'infirmité de la nature humaine, & en luy faiſant ſentir en particulier
l'injuſtice des Pourſuivants, dans la vûë de
luy en donner de l'horreur & de l'obliger à
ſe retirer. Ce diſcours eſt admirable, & marque un parfait caractere de douceur & de
bonté, qui ſied bien à un heros.

Car l'eſprit de l'homme eſt toujours tel que
ſont les jours qu'il plaiſt au pere des Dieux
& des hommes de luy envoyer] Quoyqu'il ne
ſoit que trop vray que les jours proprement
dits ont beaucoup de pouvoir ſur l'eſprit des
hommes, qui ſont ordinairement gais ou

chagrins felon que les jours font fereins ou
triftes, ce n'eft pourtant pas ce qu'Homere
veut dire icy. Dans ce paffage *les jours* eft
un terme figuré pour fignifier les accidents
de la fortune bons ou mauvais qui arrivent
dans le cours des années. Et ce Poëte dit icy
une grande verité. L'homme eft fi foible,
que c'eft toujours la fortune, que Dieu luy
envoye, qui décide de fon humeur & qui eft
maiftreffe de fon efprit. Dans la profperité,
il eft intraitable & fuperbe, & dans l'adver-
fité, il eft bas, lafche & rempant.

Page 160. *Moy-mefme j'eftois né pour eftre heureux*] Il ne dit pas, *j'eftois heureux*,
mais *je devois eftre heureux*, ἔμελλον ὄλβιος
εἶναι, *j'eftois né pour eftre heureux*, car on ne
peut pas dire qu'on eft heureux, quand on
n'a qu'une felicité qu'on peut perdre, mais
on eft né pour eftre heureux, & on ne l'eft
que quand on cimente ce bonheur par la
vertu.

Page 161. *Mais malgré ces avis & fon
preffentiment il ne put éviter fa deftinée*] Ce
paffage me paroift remarquable. Ulyffe prédit à ce Prince le danger dont il eft menacé,
il en eft touché, il craint l'effet de ces mena-
ces, & il fent quelque mouvement de repentir, avec tout cela il n'évite point fa deftinée,
il va périr avec les autres Pourfuivants. Comme fon repentir n'eft que fuperficiel & paf-
fager, & qu'il ne renonce pas à fon premier

train, son endurciſſement le précipite dans les malheurs qu'il prévoit & qu'il n'a pas la force d'éviter, aveuglé par ſes premieres injuſtices.

Minerve l'arreſta] Minerve, c'eſt à dire, la ſageſſe & la providence de Dieu qui ne permettent pas que le méchant eſchappe à ſa vengeance.

Afin qu'elle les amuſaſt encore de vaines eſperances] Le Grec dit, *afin qu'elle délectaſt*, ou, *qu'elle eſpanoüiſt leur cœur.* ὅπως πεζαοɣε θυμὸν μνηστήρων. Car comme le cœur eſt retreſſi par la triſteſſe & par le deſeſpoir, il eſt eſpanoüi par la joye & par l'eſperance.

Page 1 62. Et qu'elle fuſt plus honorée de ſon fils & de ſon mary qu'elle n'avoit jamais eſté] C'eſt-là la vcüe de Minerve, car Penelope ne ſçavoit pas qu'elle alloit paroiſtre devant ſon mary. Cette entrevûë ne pouvoit qu'augmenter l'eſtime d'Ulyſſe pour cette Princeſſe, en le rendant témoin de ſa bonne conduite & de ſa grande prudence, Cela eſt menagé avec beaucoup d'art.

Et avec un ſouſrire qui n'effaceoit pas la triſteſſe peinte dans ſes yeux] Perſonne n'a réüſſi comme Homere à faire des images juſtes, & à peindre des ſentiments contraires par un ſeul mot. Nous avons vû dans l'adieu d'Hector & d'Andromaque, Iliad. liv. v1. qu'il accompagne le ſouſrire d'Andromaque d'une épithete qui marque bien l'eſtat de ſon

coeur

www.ingramcontent.com/pod-product-compliance
Lightning Source LLC
Chambersburg PA
CBHW070400090426
42733CB00009B/1482